Das Buch

Deutschland zerfällt inzwischen in zwei Lager: auf der einen Seite Befürworter, auf der anderen Seite erbitterte Gegner einer offenen, pluralistischen, freiheitlichen Gesellschaft. Immer mehr Menschen haben das Vertrauen in Politiker und Medien verloren und fühlen sich von der Realität bedroht. Geflüchtete und Migranten werden zunehmend zum Sündenbock.

Doch Deutschland ist nun mal ein Einwanderungsland, in dem Menschen aus unterschiedlichsten Kulturkreisen eine neue Heimat suchen. In ihrem sehr persönlichen und scharfsichtigen Buch fragt Dunja Hayali sich und uns alle: Wie können wir gemeinsam das sichern, was auf dem Spiel steht – nämlich unsere liberale Demokratie, die den Deutschen über Jahrzehnte ein friedliches Miteinander garantiert hat?

Die Autorin

Dunja Hayali, geboren 1974 in Datteln als Tochter irakischer Eltern, studierte an der Deutschen Sporthochschule. Zwischen 2007 und 2010 übernahm sie die Moderation der ZDF-heute-Nachrichten sowie die Ko-Moderation des heute journals. Seit Oktober 2007 moderiert sie das ZDF-Morgenmagazin, seit 2015 dunja hayali sowie seit 2018 das ZDF Sportstudio. Sie unterstützt »Gesicht zeigen. Für ein weltoffenes Deutschland«, ist Mitglied im Aufsichtsrat von »Save the Children« und engagiert sich für VITA Assistenzhunde e.V. Als Jurymitglied für den Julius-Hirsch-Preis setzt sie sich gegen Rassismus, Fremdenfeindlichkeit und Antisemitismus ein. 2016 wurde sie mit der Goldenen Kamera in der Kategorie »Beste Information« ausgezeichnet, 2018 erhielt sie das Bundesverdienstkreuz für ihr Engagement gegen Extremismus, Fremdenfeindlichkeit, Rassismus und für ihre journalistische Arbeit.

Dunja Hayali

Haymatland

Wie wollen wir zusammenleben?

Ullstein

Besuchen Sie uns im Internet:
www.ullstein-buchverlage.de

Aktualisierte Ausgabe im Ullstein Taschenbuch
1. Auflage Oktober 2019
© Ullstein Buchverlage GmbH, Berlin 2018 / Ullstein Verlag
Umschlaggestaltung: zero-media.net, München,
nach einer Vorlage von Rudolf Linn, Köln
Autorenfoto: © Jennifer Fey
Lektorat: Carla Swiderski
Satz: Pinkuin Satz und Datentechnik, Berlin
Gesetzt aus der Quadraat Pro
Druck und Bindearbeiten: CPI books GmbH, Leck
ISBN 978-3-548-06139-9

Vertrauen, Ehrlichkeit und Loyalität sind die Grundsteine einer Freundschaft. Egal, wo man zu Hause ist. Und weil ihr meine Heimat seid, widme ich dieses Buch meiner Familie, meinen Freunden und der unsterblichen Emma.

Inhalt

Vorwort zur
Taschenbuchausgabe

Wubb, wubb ... wubb, wubb ... wubb, wubb ...

Erst jetzt, als ich den Scheibenwischer höre, nehme ich die Stille wahr. Die Taxifahrerin hat ganz intuitiv darauf verzichtet, das Radio einzuschalten oder einen Small Talk mit dem ihr unbekannten Fahrgast zu beginnen. Irgendwie sah ich wohl heute nicht danach aus.

Ich bin in einer mir noch nicht bekannten Stadt angekommen. Heute Abend werde ich wieder aus meinem Buch, aus diesem Buch hier, vorlesen und mit meinen Gästen darüber diskutieren. Ich freue mich darauf. Dennoch ist es heute irgendwie besonders.

Es ist ziemlich genau ein Jahr her, als ich den starken Drang verspürte: »Es reicht, ich möchte und muss einmal alles herunterschreiben, was mich beschäftigt.« Und so entstand in recht kurzer Zeit dieses Buch. Es beschäftigt sich mit meiner Heimat, mit unserer Heimat. Mit ihrer Entwicklung, vor allem in den letzten Jahren. Mit den selbsternannten Heimatverteidigern, die unter »Heimat« jedoch oft etwas ganz anderes verstehen, als ich es tue. Sie wollen sich eingrenzen und andere ausgrenzen, mehr Nationalismus und weniger Vielfalt.

Die Motive dafür, dies alles damals, im Sommer 2018,

aufzuschreiben, waren eigene Erfahrungen, die Sorge darüber, wie es in und mit diesem Land weitergeht, aber auch meine Zuversicht, dass es gut weitergeht – dass wir allesamt friedlich und respektvoll zusammenleben können. Auch, weil ich durch meine Eltern erfahren durfte, wie Integration gelingen kann.

Nun kommt die Neuauflage. Ein guter Zeitpunkt also, Sorgen und Zuversicht daraufhin zu überprüfen, was davon heute in mir überwiegt. Hat sich das Land eher zum Guten oder Schlechten verändert? Oder ist alles mehr oder weniger gleichgeblieben?

Die Welt ist jedenfalls zwischenzeitlich keinesfalls ruhiger geworden. Im März dieses Jahres erschütterte das Attentat auf zwei Moscheen in Christchurch, Neuseeland, die Welt. Neben vielen Verletzten mussten hierbei mindestens 49 Menschen ihr Leben lassen. Live gestreamt ins Internet durch einen rechtsextremen Täter – und vielfach durch andere Menschen weiterverbreitet. Das war eine neue Art der Perversion, bei der es viel Entsetzen nicht nur über die Tat, sondern auch die Art der Veröffentlichung gab und auch über die, die das alles beklatschten oder verniedlichten.

Dann die Anschlagsserie auf Kirchen und Hotels auf Sri Lanka, bei der an Ostern mehrere hundert Menschen getötet wurden. Wegen dieser unfassbaren Dimension, aber auch, weil ich dort oft Urlaub mache und Freunde habe, ging mir dieses Ereignis emotional besonders nahe. Dazu die Handelsstreitigkeiten zwischen den USA und anderen Nationen, die Flugzeugträger im Golf, weil das Atomabkommen mit dem Iran zunächst einseitig von den USA gekündigt wurde und dann eine Spirale begann, deren Ausgang mehr als Kopfschmerzen bereitet. Vor der Europawahl schlossen sich international Rechtspopulisten zusammen, um gemeinsam mehr Erfolg dabei zu haben, in ein Parlament gewählt zu werden, dessen Grundauftrag sie gar nicht mittragen. Das »Ibiza-Video«, bei dem durch den Mitschnitt eines Gesprächs des damaligen österreichischen Vizekanzlers Heinz-Christian Strache erst er selbst und dann die ganze Regierung stolperte. Ich kann und möchte hier nicht alles aufzählen, was uns in all diesen Monaten beschäftigte – auf jeden Fall war es viel und bedeutsam.

Und auch hier bei uns im »Haymatland« trat beileibe keine Beruhigung ein. Die Mechanismen sind die gleichen geblieben. Der Populismus blüht, vor allem in den sozialen Medien, aber auch darüber hinaus. Als junge Leute ihre Sorgen über den Klimawandel äußerten und dagegen protestieren, dass ihnen die Schutzmaßnahmen entweder fehlen oder viel zu langsam verlaufen, wurde es mal wieder ziemlich schmutzig. Allen voran Greta Thunberg, das bekannteste Gesicht dieser Bewegung, wurde mit Shitstorms überhäuft – es wurde sehr persönlich, sehr beleidigend. Auch die Schüler, die an ihrem »friday for future« demonstrierten, schlug der koordinierte Wind der Beleidigungen und Erniedrigungen entgegen. Ich selbst »durfte« erleben, wie es ist, neben anderen Betroffenen bei Twitter Ziel einer sogenannten »Abschiebechallenge« zu werden. Man wollte mich loswerden, abschieben in meine Heimat. Wo das eigentlich ist, werden sie in diesem Buch kennenlernen. Das Netzwerkdurchsetzungsgesetz greift nur bedingt, und auch bei der Moderation durch die Seiteninhaber in den sozialen Medien herrscht weiter Nachholbedarf.

Das Geschehen in Plauen trug auch nicht gerade zu meiner Beruhigung bei: Mehrere hundert Neonazis marschierten dort uniformiert mit Fackeln durch den Ort und gaben ihre Parolen von sich. Wobei die Behörden keinen Weg zu sehen glaubten, dies unterbinden zu können. Warum eigentlich? Die Welt schaute interessiert zu, und das Bild Deutschlands hat weiter gelitten. Zu diesem Zeitpunkt hatte es nicht mehr viel von dem »Die Welt zu Gast bei Freunden«, dem offiziellen Slogan der Fußball-WM 2006.

Wubb, wubb …

Müsste ich mich heute festlegen, welches der Szenarien, die ich am Ende dieses Buches beschreibe, auf uns zukommt, ich könnte es nicht. Zuviel ist in Bewegung.

Ich gebe zu, meine Skepsis überwiegt derzeit. Aber es gibt eben auch die andere Seite der Waage. Die meiner Zuversicht, die in der Zwischenzeit ebenfalls genährt wurde. Denn ich finde es gut, wenn sich die Jugend zu Wort meldet, wenn es um ihre Zukunft geht. Immer mehr Menschen äußern auch in den sozialen Medien offen ihren Unmut über den verrohten Stil des politischen und auch persönlichen Diskurses. Der Verfassungsschutz schaut inzwischen »genauer hin« und kommuniziert dies auch. Und der große Rechtsruck bei den Wahlen zum europäischen Parlament blieb aus.

Besorgniserregend sind die Zahlen trotzdem. Nach Plauen verstärkte sich die öffentliche Diskussion um die Grundsätze, die innerhalb von Grundgesetz und Ordnungspolitik eingehalten werden sollten, wenn etwas die Grenzen der Meinungsfreiheit schrammt.

Es tat und tut nach wie vor sehr gut, Büro, Studio und die sozialen Medien zu verlassen und die »Tour durchs Haymatland« anzutreten. In ganz verschiedenen Städten in Osten und Westen, Norden und Süden treffe ich so die unterschiedlichsten Menschen. Und dabei natürlich auch auf sehr unterschiedliche Meinungen, sowohl zur »Lage der Nation« als auch zu diesem Buch. Wir diskutieren viel und oft auch lange, es wurde weder persönlich noch flach. Nichts ist dabei tabu – diese Begegnungen sind gelebte Vielfalt und liefern einen bemerkenswerten Kontrast zum sinnlosen, oft anonymen Gebrüll in den sozialen Medien. Besonders hängen geblieben sind bei mir mehrere energiegeladene Diskussionen, bei denen wir über Anstand, Asyl, Migration, Grenzen, Verantwortung der Medien, der Politik und jedes Einzelnen diskutierten. Da schwindet der Eindruck einer grundsätzlich schweigenden Masse zusehends. Es gibt eine Menge Menschen, die sich klar, fair und zukunftsgerichtet einbringen. Denen sollte man zuhören, nicht den lautesten.

Wubb ...

»So, Frau Hayali (nicht Hallali ☺), wir sind da! Herzlich willkommen. Ich freue mich schon sehr auf heute Abend, wir sehen uns. Ich hoffe, Sie hatten gute Gedanken während der Fahrt und konnten bei mir etwas Kraft tanken.«

Sie können sich vielleicht vorstellen, wie ich aus der Wäsche guckte, nachdem die Taxifahrerin das gesagt hatte. Und dann haben wir schon mal ganz unter uns etwas Diskussion vorweggenommen. Zumindest ein bisschen – sie musste weiter, ich auch.

Auch durch solch empathische Menschen, vor allem aber durch das miteinander Sprechen steigt meine Zuversicht und wächst mein Glaube, dass wir das gemeinsam schon hinbekommen mit meinem, mit unserem »Haymatland«. Auch wenn es sicher noch immer viel zu tun gibt. Ich bin gespannt, wie ich das alles nächstes Jahr so sehe. Wer weiß, vielleicht dann in einem neuen Buch?

Zu guter Letzt möchte ich mich bei allen bedanken, die mein Buch bereits gelesen haben und die zu meinen drei- bis vierstündigen »Lesungen« gekommen sind. Ich möchte Ihnen sagen, dass Sie mir das Gleiche gegeben haben wie ich Ihnen: Gedankenanstöße, Energie, Kraft, Mut und Zuversicht! Danke dafür!

Dunja Hayali

Intro

Ich lebe gerne! Und ich lebe wirklich gerne hier in Deutschland, in meinem Geburtsland. Und zwar nicht zuletzt, weil mir so vieles an unserer Gesellschaft sehr am Herzen liegt. Es gibt hier so viel Offenheit, so viel Toleranz, Respekt, Empathie, Solidarität und gelebte Menschlichkeit – das ist alles gar nicht selbstverständlich.

Aber leider ziehen dunkle Wolken über dieses Land. Heute erfüllt mich mehr denn je die Sorge, ob wir es schaffen werden, dieses Land so lebenswert zu erhalten, wie es ist – und zwar für jeden. Diese Sorge entsteht, weil Menschen angegriffen werden und ausgegrenzt werden sollen – nicht, weil sie etwas verbrochen hätten, sondern einfach wegen ihrer familiären Wurzeln, ihres Glaubens, ihres Aussehens. Wachsende Extreme an den politischen Rändern, dumpfe Parolen und sogar Gewalt gewinnen sichtbar an Terrain.

Dieses Buch soll aufrütteln. Und Mut machen. Es richtet sich an jene, die die Mitte dieser tollen Gesellschaft bilden. Wir brauchen Mut, um uns nicht kopfschüttelnd und schweigend abzuwenden, sondern gemeinsam das Heft des Handelns für den Erhalt dieser Demokratie und ihrer Werte in die Hand zu nehmen. Ich bin dabei, denn: Es geht jetzt um was!

1

Heimat

Mein Vater war nie heimatlos. Als junger Mann hat er sich Anfang der Fünfzigerjahre auf den Weg gemacht. Der Achtzehnjährige wollte zum Studieren ins Ausland, um dann mit Stolz und Titel wieder in den Irak zurückzukehren.

Seine Eltern hatten allerdings nicht viel Geld. Dafür aber sein Bruder. Mit dessen Hilfe sollte es in die USA gehen; genau wie er sollte mein Vater Architekt werden. Das war das Ziel.

Auf dem Weg in das Land, in dem man, wie die Legende besagt, vom Tellerwäscher zum Millionär werden kann, besuchte er allerdings noch einige Freunde in Wien – und blieb dann dort hängen. Er fühlte sich in der Stadt wohl, geradezu heimisch. Damals lebten bereits viele Araber in Wien, wie auch heute. Zu ihnen zählte meine Mutter. Es war also kein Zufall, dass die beiden sich in der österreichischen Hauptstadt kennen- und lieben lernten – und dass, obwohl sie beide aus Mossul stammen. Die Welt ist halt klein.

1956 wurde geheiratet. Wien sollte für die beiden sozusagen das neue Mossul werden, eine neue Heimat. Doch schon bald mussten sie die Stadt, nein, sogar das Land verlassen. Was war geschehen? Zu der Zeit studierten insbesondere viele Iraker in Wien. Das schien weder der irakischen noch der österreichischen Regierung zu gefallen. Man unterstellte den Studenten, Teil einer kommunistischen Vereinigung zu sein, und so mussten meine Eltern und einige ihrer Freunde ausreisen. So jedenfalls erzählte es mir mein Papa immer und immer wieder. Und ebenso immer wieder fiel er an dieser Stelle in lautes Gelächter. Meine Eltern, die beide liberal-konservativ waren und Kommunisten? Ein schlechter Scherz. Aber dieser Scherz war angeblich der Grund, warum beide, nicht ganz freiwillig, in Deutschland landeten.

Dass sie auch dort schnell Fuß gefasst haben, lag an ihrer Offenheit und Willenskraft. Damals gab es hier keine Diskurse über Integration oder Assimilation – so etwas wurde einfach praktiziert. Jedenfalls bei uns. Denn meine Eltern waren offen, interessiert, kontaktfreudig, wissbegierig. Sie wollten zügig die Sprache lernen, Freunde finden, ein Leben haben – wenn auch nur auf Zeit, denn der Plan war ja, irgendwann wieder in den Irak zurückzukehren.

Dass die beiden so schnell in ihr neues Leben in Deutschland hineingefunden haben, lag aber auch an der Frau, die sie aufgenommen hatte: »Tante« Josefa, genannt Sefa, vermietete Wohnungen an Studenten und hatte offensichtlich kein Problem damit, auch »Ausländer« einziehen zu lassen, selbst welche, die ihr erstes Kind erwarteten und eine ungewisse Zukunft vor sich hatten.

Sefa, ihr Mann Fritz und ihre Tochter Elke wurden schließlich zu einer Art Ersatzfamilie für meine Eltern. Sefa und Fritz haben meine Eltern aufgenommen, als seien sie ihre eigenen Kinder. Und als mein Bruder Nahed 1957 in Mainz geboren wurde, behandelten sie ihn wie einen Enkel. Sie haben auf ihn aufgepasst und sich um ihn gekümmert. So konnte mein Vater sorglos weiter studieren und meine Mutter zwischenzeitlich bei der Post arbeiten, damit ein bisschen Geld ins Haus kam.

Dass selbst ich die beiden bis heute Tante Sefa und Onkel Fritz nenne, obwohl wir, als ich geboren wurde, nicht mehr bei ihnen gelebt haben und wir in keiner Weise verwandt waren, zeigt, wie eng und wichtig diese Verbindung, diese Erfahrung auch für mich war. Und welchen Einfluss dieses »Kümmern« auf unser weiteres Leben in Deutschland hatte. Denn Tante Sefa und Onkel Fritz, zwei robuste, manchmal sogar ruppige Menschen, die das Herz und den Verstand am rechten Fleck hatten, haben meinen Eltern das Gefühl von Heimat gegeben. Von Ankommen. Von Dazugehören.

Dieses Gefühl hat sich zuletzt bei mir leider etwas verflüchtigt. Und so kommt es, dass ich mir über meine Heimat heute ganz andere Gedanken und auch Sorgen mache als vor Jahren.

Die neue Fremdheit

Ich mache es mal einfach: Ich bin 45 Jahre jung, in Datteln in NRW geboren, ich bin weder links noch rechts, auch nicht »versifft«, wie es mir diejenigen unterstellen, die solche Begriffe gebrauchen. Ich habe einen Bruder und eine Schwester, zwei Nichten und einen Hund. Meine Familie ist mir heilig, danach kommt lange erst mal nichts. Ich bin weder ganz unten noch ganz oben, weder Gutmensch noch Schlechtmensch. Ich bin einfach eine Frau, die stolz auf ihre Eltern ist und dankbar und demütig aufgrund der Möglichkeiten, Freiheiten und Rechte, die mir unser Land einräumt und die mir meine Eltern ermöglicht haben. Im Wechselspiel dieser beiden Prägungen konnte ich die werden, die ich bin: eine Journalistin, eine öffentliche Person, die, trotz bisweilen harter Anfeindungen, weiß, dass ihr ein gutes, ja ein privilegiertes Leben gelingen konnte.

Anfang 2018 wurde ich gebeten, eine Rede im Rahmen der Veranstaltungsreihe »Dresdner Reden« im Schauspielhaus Dresden zu halten. Als ich die Einladung erhielt, habe ich mich sehr gefreut. Sie ist eine Ehre, zudem stehen die »Dresdner Reden« für Offenheit, Toleranz und vor allem für etwas, das mir sehr am Herzen liegt: das Verständnis von Diskurs als Austausch von Meinungen und Standpunkten. Nicht zuletzt das Echo auf meine dortigen Worte hat mich inspiriert, mir vertiefende Gedanken zum Thema Heimat zu machen.

Ich finde Dresden einfach wunderschön. Jedes Mal, wenn ich dorthin komme, bin ich fasziniert: Die Elbe. Die Altstadt. Die Elbhänge. Und das Kopfsteinpflaster.

Aber Dresden hat auch eine verschlossene Seite. Wer hier nicht geboren ist, hat es schwer, wirklich dazuzugehören. Die Stadt erscheint als eine Art geschlossene Gesellschaft, die jedem Neuling seine schönen Seiten zeigt und sich weltoffen gibt, aber in ihren »Inner Circle« kommt man als Außenstehende dann doch nicht. Sicher, das ist auch in manch einem Kuhdorf so, aber gerade bei solch einer Großstadt, die ja auch eine Kulturstadt ist, fühlt es sich schroff an – wie ein System, das niemanden von außen braucht, das nur für sich besteht.

Dresden ist eine Stadt, die ihr im Zweiten Weltkrieg zerstörtes Wahrzeichen, die Frauenkirche, und ihre Identität nach dem Ende der DDR Stein für Stein wieder aufgebaut hat und damit zeigt: Es gibt in dieser Stadt eine Standhaftigkeit, die Kriege und politische Systeme überdauert hat, die Überschwemmungen und andere Katastrophen überdauert – Dresden wirkt einfach unzerstörbar. Das Beharrungsvermögen dieser Stadt ist derartig beeindruckend, dass man davon zwangsläufig Rückschlüsse auf ihre Bewohner zieht. Die Dresdner Bevölkerung erscheint einem in ihrer Gesamtheit ein wenig zäh. Immer, wenn ich in Dresden bin, ist es, als raune die Stadt mir zu: »Komme, was wolle, wir machen hier unser Ding, und wir brauchen niemanden, der uns sagt, wie es zu laufen hat.«

So sieht das eine Frau wie ich, die von außen kommt und im Staatsschauspiel den Dresdnern etwas über ihre Stadt erzählte, wohl wissend, dass manche der Einheimischen über mich denken mochten: Mensch, die hat ja überhaupt keinen Schimmer und gerade mal ein Zehntel von dem verstanden, was diese Stadt und uns hier ausmacht. Wie kann sie nur so ein Pauschalurteil fällen, wo sie doch sonst immer zum Differenzieren auffordert.

Mag sein, dass das an der so anderen Mentalität in meiner Heimatregion liegt. Im Ruhrgebiet, im »Pott« fühlt sich das für mich alles ein bisschen anders an. Das ist eine Gegend, die früher einmal für jeden Arbeit bot. Wenn auch harte Arbeit. Das führte dazu, dass Menschen aus anderen Gegenden der Welt – zunächst überwiegend aus Polen, nach dem Zweiten Weltkrieg dann aus ganz Europa, besonders Süd- und Südosteuropa – in Scharen ins Ruhrgebiet kamen, um dort Geld zu verdienen. Im Ruhrgebiet kam es somit irgendwann nicht mehr so drauf an, wer du bist, wo du herkommst, wo du geboren wurdest. Hauptsache, man war Kumpel, konnte zupacken und war ehrlich im Umgang. Dann passte alles. Oder wurde mal eben einvernehmlich passend gemacht.

Das hat sich bis heute nicht wesentlich geändert. Wer ins Ruhrgebiet zieht, braucht nicht lange, bis er dazugehört. Man muss sich nur für dieselben Sachen begeistern – am besten Fußball, da findet man schnell Anschluss.

Natürlich ist es hilfreich, wenn man in ein Gemeinwesen hineingeboren wird und dort, zumindest fürs Erste, bleibt, weil man so in seinen Teil der jeweiligen Gesellschaft und in dessen Gewohnheiten – nennen Sie sie gerne auch Rituale – organisch hineinwächst. Aber nur dazugehören dürfen, wenn und weil man hineingeboren wurde, und zwar am besten über Generationen: Darf und kann so etwas die Teilhabe eines Menschen an einer Gemeinschaft wirklich umfassend definieren?

Egal wohin man kommt, man ist zuerst einmal fremd. Erinnern Sie sich an Ihren ersten Schultag? Ihren ersten Tag bei der Arbeit? Das erste Mal im Verein? In der Stammkneipe? Sie waren der Eindringling, der oder die Neue unter all den für Sie fremden Menschen. Sie haben sich tatsächlich oder zumindest gedanklich erst einmal unsicher in die Ecke gesetzt und gehofft, nicht zu stören, und mussten nach den einfachsten Dingen fragen. Jeder konnte bemerken, dass Sie zum ersten Mal hier waren. Und Sie ahnten, dass mancher sich instinktiv fragte, ob Sie hier überhaupt hingehören. Wären die Freunde von heute damals nicht offen für den oder die Neue gewesen, wo wären Sie heute? Wie würden Sie leben? Wo würden Sie dazugehören?

Heimat zwischen Definition und Identität

Viele werden meiner Familie nun unterstellen: Die waren sicher Wirtschaftsflüchtlinge. Mit bestem Gruß an alle Deutschen, die ausgewandert sind, weil auch sie ihr Glück woanders suchten: Selbst wenn – wer hat darüber zu richten?

Es sind übrigens nicht gerade wenige Deutsche, die sich dafür entschieden haben. Einige Millionen Bundesbürgerinnen und Bundesbürger leben irgendwo auf der Welt statt in Deutschland. Sicher sind nicht wenige von ihnen weggegangen, weil sie dachten, woanders besser leben zu können oder woanders eine größere wirtschaftliche Chance zu haben. Vielleicht haben sie sich auch verliebt. Oder sie bauen sich aus ganz privaten Gründen woanders etwas auf, weil sie es anderswo nun einmal schöner oder das Klima angenehmer finden. Ob als Überlebenskünstler in Texas oder Betreiber hochwertiger Ferienunterkünfte in Südfrankreich, ob mit einer deutschen Kneipe oder Bäckerei in Costa Rica. Das Land der Verheißung für die meisten Deutschen sind übrigens die USA. Das Land, dessen Präsident jetzt eine Mauer an der Grenze zu Mexiko bauen möchte, um zu verhindern, dass weitere Menschen ins Land kommen, die das Land geprägt und seinen Mythos erschaffen haben: Migrantinnen und Migranten.

Das heißt, die eigene Erfolgsgeschichte überschreiben zu wollen. Denn abgesehen von den Ureinwohnern der USA hat die Bevölkerung der USA mehrheitlich ihren Ursprung in Vorfahren, die dorthin gegangen sind, weil sie es wollten oder mussten – waren doch die Versprechungen der Neuen Welt so viel verheißungsvoller als jene der alten Heimat. Nur die Sklaven kamen nicht mit der Hoffnung auf ein besseres Leben, die zahlreichen Tschechen, Iren, Italiener, Engländer, Franzosen, Niederländer, Polen, Russen sehr wohl. Sie kamen, weil ihnen das Land Reichtum, die Chance auf ein menschenwürdiges Leben und Schutz vor Verfolgung versprach. Ebenso jede Menge Deutsche. Nach der gescheiterten Revolution von 1848 etwa gab es eine große, politisch motivierte Flüchtlingswelle aus Deutschland.

Womit wir beim knallharten Verfechter des »America first« wären: genau, Donald Trump. Sein Großvater, Friedrich Trump, wanderte nämlich 1885 aus Kallstadt in der Pfalz in die USA aus. Er war Friseur (bitte fügen Sie hier einen Gedanken Ihrer Wahl ein) und hatte in der Heimat keine wirtschaftliche Perspektive. Im Nordwesten der USA und im kanadischen Yukon-Territorium häufte er mit einfachen Restaurants, die unter anderem Pferdefleisch verkauften, vor allem in den Jahren des Goldrauschs die Grundlage seines Wohlstands an.[1] Davon zehrt sein Enkel heute noch.

Es ist ein Treppenwitz der Geschichte, dass Friedrich Trump gern in die Heimat zurückkehren wollte, dies aber aufgrund typisch deutscher bürokratischer Kleinlichkeit nicht durfte: Er hatte sich erstens vor seiner Migration nicht ordnungsgemäß abgemeldet und zweitens seine deutsche Staatsbürgerschaft verloren, als er die der USA annahm.

Die traurige Pointe liegt darin, dass Friedrich Trump etwas wollte, was viele Migranten sich wünschen: zirkuläre Migration. Auf gut Deutsch: genügend Geld verdienen, um anschließend in der Heimat ein eigenes Geschäft aufbauen oder sich zur Ruhe setzen zu können. Möglich machen dies durchlässige Grenzen, wie es etwa die mexikanische Grenze ist – noch zumindest. Täglich verkehren hier Tausende Menschen, die in Mexiko wohnen, aber ihren Lebensunterhalt in den USA als Hausangestellte oder als was auch immer verdienen.

Aber wir müssen gar nicht bis in das sogenannte Land der unbegrenzten Möglichkeiten gehen, um diese Grenzvariante vorzufinden. Auch die Grenze zwischen Deutschland und der Schweiz ist so eine. Sie wird hauptsächlich von Deutschen überschritten, schlicht, weil in der Schweiz höhere Gehälter gezahlt werden. Die Schweiz hat Ende 2016 rund 61 000 Grenzgänger aus Deutschland gezählt.[2] Das sind aber nur die, die in Grenznähe leben. Wochenpendler, etwa aus Berlin, sind hier nicht enthalten. Zudem hat die Schweiz in bestimmten Berufszweigen einen Fachkräftemangel, da kommen ihnen die Deutschen ganz gelegen. An der Grenze zwischen Nordirland und der Republik Irland herrscht ebenfalls ein reges Kommen und Gehen – was sich leider garantiert ändern wird, sobald der Brexit tatsächlich vollzogen ist.

Das erzähle ich, weil damit klarer wird, dass loswandern und dann eventuell irgendwo bleiben einfach in der Natur der Menschen liegt – manchmal eben erzwungen, manchmal freiwillig. Wegzugehen, vielleicht sogar alles hinter sich zu lassen, ist offenbar genauso eine menschliche Sehnsucht, wie in der vertrauten Umgebung bleiben zu wollen.

Das Zurückkehren-Wollen gehört ebenfalls zu diesen Überlegungen. Meine Eltern etwa waren sich vollkommen sicher, dass sie nach ihrem Medizinstudium nach Mossul oder Bagdad zurückkehren würden, wo ein Großteil der Familie mittlerweile lebte, um dann dort zu arbeiten. Deswegen schickten sie meinen älteren Bruder dorthin vor, zu Verwandten. Er sollte in Bagdad zur Schule gehen, bevor die Eltern später als fertige Ärzte bzw. als Pharmazeutin nachkommen würden. Ihr damit verbundener Wunsch, zu den eigenen Wurzeln zurückzukehren und ganz am Ende in Heimaterde begraben zu werden, dort also, wo die Vorfahren liegen, ist ein sehr menschlicher Zug.

Meine Mutter ist vor zwei Jahren gestorben. Sehr früh schon war es ihr Wunsch, in Datteln begraben zu werden. Wäre es ihr Wunsch gewesen, in Bagdad oder Mossul zu liegen, wie hätte ich den erfüllen sollen? Ich kann mich noch gut daran erinnern, wie gefährlich es vor rund zwölf Jahren war, meine Oma in Bagdad auf einem christlichen Friedhof zu begraben. Es war nicht ohne Risiko in der aufgeheizten Stimmung gegen Christen. Der Leichnam meiner Oma wurde einfach in ein normales Auto gelegt und zum Friedhof gefahren – man wollte bloß nicht auffallen und auch ja keine christlichen Symbole zeigen. Genau dieser Unterdrückung der christlichen Minderheit wegen sind ja nicht wenige Menschen, auch ein Großteil meiner Familie, überhaupt aus dem Irak geflohen.

Auch auf Grund der Umstände stand eine Beerdigung

im Irak also nicht zur Diskussion. Zudem fühlte sich meine Mutter in Datteln auch wirklich zu Hause. Diese Stadt in Westfalen war ihre Heimat geworden, ihr Wohnzimmer, wenn man so will. Meine Mutter war es dann auch, die verhindert hat, dass wir in den Siebzigern in den Irak zurückgingen. Einer der wenigen Kämpfe, die sie gegen meinen Vater gewonnen hat. Gott sei Dank.

Schon allein also, um der Erfahrung des Menschen gerecht zu werden, der sich seine Heimat schafft, statt diese zugewiesen zu bekommen, sollten wir uns dafür einsetzen, dass Hürden beseitigt werden und den Menschen erlaubt wird, »Heimat-Building« zu betreiben. Stattdessen formieren und etablieren sich jedoch Gruppen, die glauben, unsere Heimat müsse gegen Invasoren von außen verteidigt werden. »Heimat« ist für sie eine mehr oder weniger eng zugeschnittene Region, eine vorgegebene Kultur und die eigene, natürlich oftmals dialektgefärbte Sprache. Das heißt: Wer hier nicht geboren wurde, gehört nicht dazu. Ob er, wie meine Mutter und übrigens auch meine ganze Familie, dieses Datteln und damit auch dieses Deutschland lieben gelernt und zu seiner Heimat gemacht hat oder nicht, spielt für diese Leute keine Rolle.

Und so frage ich mich: Wird es wirklich dazu kommen, dass jemand für mich entscheidet, was ich Heimat nennen darf, egal ob ein Minister oder selbsternannter Abendlandsverteidiger? Entscheiden die, wo ich leben darf? Grölen bald deutlich mehr Menschen abschieben als der kleine Haufen am Aschermittwoch 2018 im sächsischen Nentmannsdorf? Abschieben, weil zum Beispiel meine Familie und ich wie viele Millionen andere in den Augen derer, die uns als »Kameltreiber« oder »Asyltouristen« diffamieren, nicht hierhergehören?

Heimat – was ist das eigentlich genau?

Allgemeingültig und für mich unstrittig zielt der Begriff »Heimat« meist auf eine Beziehung zwischen einem Menschen und einem Ort. So sehe ich das auch. Dabei kann das der Ort sein, an dem ein Mensch geboren wurde, wo er seine frühen Erlebnisse hat, die Identität, Charakter, Mentalität, Einstellungen und schließlich auch Weltauffassung prägen. Oftmals wird der Begriff »Heimat« daher mit der Kindheit verbunden. Er kann sich aber auch auf ein ganz persönliches Geborgenheitsempfinden beziehen; das entsteht am Geburtsort, in einem Dorf, einer Straße, einer bestimmten Landschaft, einem Kanalknotenpunkt – wo auch immer. Für den einen sind es die Berge, für den anderen die Felder, für den nächsten vielleicht sogar der Fußballverein. Das alles kann heimatstiftend wirken.

Eines aber ist Heimat auf keinen Fall: per se durch die Geburt und über die Herkunft der Eltern festgelegt. Denn Heimat ist eben mehr als nur ein (Geburts-)Ort. Heimat gibt Sicherheit, Stabilität und Stärke. Sie bedeutet Zusammenhalt und Zusammengehörigkeit, Gemeinschaft, Solidarität, Nachbarschaft und Freundschaft. Sie wird zum Paradies der Erinnerung, aus dem man zumindest gedanklich nicht vertrieben werden kann. Heimat ist jedoch auch der Ort, den man verlassen muss, um in der Welt etwas zu werden, der Ort des Abschieds – und vielleicht irgendwann der Heimkehr.

»Heimat« ist ein intimes Wort, das so in anderen Sprachen kaum vorkommt. Es klingt gemütlich und kuschelig. Aber wir sollten wachsam bei der Verwendung sein, denn der Begriff ist auch mit dem Gefühl der Homogenität verklebt, wie wir es in diesen Tagen allzu oft durchaus brutal erfahren müssen. In gewissen Kreisen fungiert Heimat als Symbol für eine geschlossene Gesellschaft, in der Pluralität unerwünscht ist. Dort bedeutet das Wort: Wir gegen die anderen. Es weckt wenig belastbare Erinnerungen an die »gute alte Zeit«, in der man sich noch nicht »fremd im eigenen Land« gefühlt hat, in der man noch keinen »Heimatschutz« brauchte oder gar ein »Heimatministerium«.

Meine Heimat ist Datteln, dort bin ich geboren. Meine Heimat ist Köln, dort bin ich im Studium flügge geworden. Meine Heimat ist Berlin, dort lebe und arbeite ich. Meine Heimat ist immer da, wo meine Familie und meine Freunde sind. Das Schöne an diesem Wort ist für mich seine Anpassungsfähigkeit an die Wechselfälle der Biographie.

Und ich bin durch und durch deutsch. Abgesehen von meiner Unpünktlichkeit. Das ist aber nicht so schlimm, denn die deutsche Pünktlichkeit ist ein Mythos. Haben Sie schon mal etwas vom akademischen Viertel gehört? Damit tut man so, als sei man pünktlich, obwohl man es nicht ist. Und wenn Ihnen ein in anderen künstlerischen Disziplinen bewanderter Kellner in Berlin-Mitte auf Nachfrage versichert, das Essen komme »sofort«, fangen Sie am besten damit an, die Mails des Tages durchzuarbeiten. Sie werden weit kommen.

Ich bin in Deutschland geboren, ich habe einen deutschen Pass und ich bin berechtigt, hier in diesem Land, in meiner Heimat, rechtmäßig und ohne Einschränkungen zu leben, zur Wahl zu gehen und sogar in ein politisches Amt gewählt zu werden – wenn ich das denn wollte, denn in meinem jetzigen Job gefällt es mir eigentlich sehr gut.

»Heimat« schließt immer auch Gefühle und Stimmungen mit ein. Das macht dieses deutsche Wort so einzigartig. Versucht man, »Heimat« in eine andere Sprache zu übertragen, geht seine umfassende Bedeutung leicht verloren. Mit »Vaterland« ist es da einfacher – das spanische »Patria« ist eine direkte Übersetzung. Das US-amerikanische »Homeland« wiederum, das es dort seit einigen Jahren offenbar zu schützen gilt, hört sich eher nach Festung als nach Heimat an. Dass man da gemütlich im Biergarten oder beim Federweißen sitzen kann, ist irgendwie schwer vorstellbar.

Tatsächlich ist das Wort auch als Festung zu verstehen. Das Department of Homeland Security der USA ist ein eigenes Ministerium mit weitreichenden Befugnissen. Ins Deutsche übersetzt würde »Homeland Security« »Heimatschutz« heißen. Heute versuchen Neonazis, diesen Begriff in ihrem Sinne in Beschlag zu nehmen. Genauso wie auch »Heimat« an sich.

Manchmal lohnt es sich, ein bisschen weiter zurückzugehen, um zu verstehen, worüber wir reden:

Im *Deutschen Wörterbuch* der Brüder Grimm, denen wir nicht nur die hinlänglich bekannten Märchen zu verdanken haben, wurde Heimat 1877 definiert als erstens »das Land oder auch nur der Landstrich, in dem man geboren ist oder bleibenden Aufenthalt hat«, zweitens »der Geburtsort oder ständige Wohnort«; ergänzend wurde hinzugefügt: »Selbst das elterliche Haus und Besitzthum heiszt so, in Baiern.«[3] Ein Rechtsbegriff war Heimat deshalb, weil ein nüchternes Wort gebraucht wurde, das im juristischen und geographischen Sinne angewandt werden konnte, wenn es um den Geburtsort, den Wohnort oder das Herkunftsland ging. Eine zentrale Rolle spielte hier der Besitz und damit verbunden das Erbrecht.

Wenn man sich also an den Grimms orientiert, gewinnt man eine ziemlich schöne Definition von »Heimat«, weil hier nichts davon steht, dass die Heimat eines Menschen an irgendwelche identitären, nationalen oder leitkulturellen Bedingungen geknüpft ist und einem jemand auf solch einer schwammigen Basis vorschreiben darf, was und wo Heimat ist. Und den Gebrüdern Grimm kann man nun wirklich nicht unterstellen, sie seien nicht deutsch genug. Und wo wir gerade bei Unterstellungen sind: Kein Mensch verlässt grundlos seine Heimat. Und wer sind wir, darüber zu richten, welche Gründe wir akzeptieren und welche auf keinen Fall? Und zwar gerne mit zweierlei Maß, denn »Wirtschaftsflüchtling« etwa ist eine allzu oft einseitig angewandte Diffamierung.

Achten Sie beim nächsten Klassentreffen einmal darauf, wie viele Ihrer früheren Mitschüler noch am selben Ort leben und wie viele früher oder später weggegangen sind – und wenn sie weggegangen sind, aus welchem Grund. Sie werden feststellen: Die Mehrheit ist noch mehr oder weniger vor Ort und höchstens in die nähere Umgebung gezogen. Und die, die wirklich weit weg leben, kommen zumeist regelmäßig zurück, weil die Eltern, Geschwister, andere Verwandte oder gute Freunde noch »daheim« leben.

Als in den fünfziger Jahren massenhaft die sogenannten Gastarbeiter ins Land kamen, dachten entsprechend alle, die gehen in ein paar Jahren wieder. Das dachten mehrheitlich auch die Gastarbeiter selbst. Viele von ihnen wollten ja gar nicht in Deutschland bleiben. Aber dann sind sie hier quasi steckengeblieben. Wer kann schon von vornherein sicher wissen, ob er wo bleibt oder nicht? Gibt es nicht genug private oder berufliche Ereignisse, die eine Heimkehr obsolet machen? Wusste ich denn, wie lange ich in Berlin bleiben würde, als ich Ende 2005 hierherzog?

Einige der Gastarbeiter blieben hier, weil sie in ihrem Herkunftsland nach wie vor keine berufliche Perspektive hatten, andere, weil sie hier privat ein neues Zuhause gefunden hatten. Und oft stand das einem persönlichen Glück nicht im Wege, im Gegenteil. Dass dies für sie und ihre Kinder zu einem echten Dilemma werden konnte, merkten viele von ihnen – und auch die deutsche Gesellschaft und Politik – erst später. In diesem Kontext ist auch die Kontroverse vom Sommer 2018 um den deutschen Fußballspieler Mesut Özil zu sehen, dessen Eltern aus der Türkei zu uns kamen und dessen »Deutschsein« für kaum jemanden eine klare Sache zu sein scheint – selbst für ihn nicht. Anders als bei sogenannten Biodeutschen ist für Menschen, deren Eltern oder gar Großeltern nach Deutschland gekommen sind, die Frage nach der »richtigen« Heimat eine, die sich ihnen immer wieder neu stellt und die ihnen immer aufs Neue gestellt wird, ob sie wollen oder nicht.

Für viele Migranten – egal ob innerhalb eines Landes oder zwischen den Staaten – ist Heimat längst zu einem Sehnsuchtsort geworden. Ein Ort, an dem man sich einmal wohlfühlte, bevor man dann doch eine (vermeintlich) bessere Option ins Auge fasste; ein Ort, den man verloren hat. Selbst wenn man eine neue Heimat gefunden hat, antwortet man auf die Frage, woher man denn »wech käme«, wie man im Pott sagt, immer mit dem Namen seines Geburtsortes oder dem Ort, der einen als Kind geprägt hat, an dem man aufgewachsen ist. Aber wenn man gefragt wird, wo denn die Heimat sei, in der man verwurzelt ist, wird es oft schon schwieriger. Liegen die Wurzeln noch im Sehnsuchtsort, an den man zumindest besuchsweise zurückkehrt? Oder hat man irgendwann neue Wurzeln gebildet, da, wo man sich schlichtweg die meiste Zeit aufhält, und wo man beruflich wie privat verankert ist? Gibt es überhaupt die eine Heimat?

Bei mir sind es die erwähnten vier Orte, die für mich Heimat sind. Heimat ist nicht zuletzt ein Anker. Etwas, an dem man sich festhalten und zu dem man zurückkehren kann, im Alter etwa oder wenn es in der Fremde nicht so läuft. »Home is where you come, when you run out of places«, sagt etwa eine desillusionierte Barbara Stanwyck in Fritz Langs Film *Clash by Night*.

Alle Heimat-Varianten, die man erleben kann, haben ganz

spezifische Anreize. Sie tun der Seele und dem Körper etwas Gutes – das ist eines der Kriterien für das, was Heimat ausmacht. Zwischen den Varianten wählen zu müssen, egal ob emotional oder per Staatszugehörigkeit, erscheint mir nicht nur deswegen äußerst unfair. Man kann Sehnsucht nach einer alten Heimat haben und ist auch immer wieder gerne dort, aber eben auch froh, wenn man von dort wieder weg kann. Genauso verlässt man seine »Hauptheimat« hin und wieder für einen Urlaub in einer »Urlaubsheimat«, einem Ort, wo man so regelmäßig hinfährt, dass er fast ein zweites Zuhause ist (so man es sich leisten kann). Vielleicht hat man auch eine »Wochenendheimat« zum Ausspannen auf dem Land. Warum also soll es nur eine Heimat geben dürfen? Selbst der Duden hat mittlerweile den Plural von »Heimat« aufgenommen. (Ob er damit allerdings einem Menschen mehrere Heimaten zugesteht oder eher meint, zehn Menschen können zehn Heimaten haben, kann ich nicht beurteilen.)

Die meisten Menschen bevorzugen es, in ihrer ursprünglichen Heimat zu bleiben (oder, wenn sie fliehen mussten oder vertrieben wurden, wenigstens in ihrer Nähe zu bleiben, um möglichst schnell zurückkehren zu können). Viele der Geflüchteten würden sicher selbst ein beschwerliches Leben in vertrauter Umgebung und mit der eigenen Sprache einem reicheren Leben in der Fremde vorziehen. Dies kann man im Übrigen an der Europäischen Union sehen: Hier ist trotz enormer Einkommensunterschiede, offener Grenzen und, was ja angeblich so wichtig ist, verwandten kulturellen Bedingungen die ganz große Wanderung von Ost nach West und vom Süden in den Norden ausgeblieben. Und dass so viele Migranten im Spätsommer 2015 von außerhalb Europas über den Balkan nach Mitteleuropa gekommen sind, sei eine Ausnahme und nicht der Normalzustand, so die gängige Einschätzung. Die vermeintliche »Flut an Asylsuchenden«, vor der nicht nur Horst Seehofer so dringlich warnt und wegen der er im Sommer 2018 den »Asylstreit« mit der Kanzlerin anzettelte, wurde von der *Frankfurter Allgemeinen Zeitung* mit fünf bis sechs Asylsuchenden pro Tag beziffert.[4] Da dürften sogar mehr Menschen aus aller Welt täglich auf legalem Weg allein in Berlin ankommen, um ihr Glück zu suchen.

Wenn man seine erste Heimat ungern verlässt und es einen in die Heimat seiner Geburt beziehungsweise Kindheit zurückzieht, sagt dies dann auch etwas über Loyalität aus? Was bedeutet »Loyalität« überhaupt? Dass man zu etwas hält, auf Teufel komm raus, im Guten wie im Bösen, *Right or wrong, my country*? So wie man »seinem« Fußball-Verein immer treu bleibt, selbst wenn er in die Vierte Liga absteigt? Oder bedeutet es Loyalität zu bestimmten Normen, Werten und Verhaltensregeln, also etwa in der Kirche zu bleiben und Kirchensteuer zu bezahlen, nur bei Grün über die Ampel zu gehen, höflich zu sein und Höflichkeit einzufordern? Aber würde das nicht auch bedeuten, Liebgewonnenes zu erhalten? Sich gegen Veränderungen zu stellen? Ist man noch wertkonservativ oder schon reaktionär, wenn einem etwa die Partytouristen in Kreuzberg auf die Nerven gehen? Klar fasse ich mich hier auch an die eigene Nase, weil ich nicht selten selber merke, dass Egoismus in dieser Hinsicht ein starker Impuls ist – nicht immer ein guter, aber eben ein starker. Um ihn einzugrenzen, braucht es Regeln, ob die einem nun passen oder nicht.

Denn ohne Regeln geht es nicht. Gesetzliche Regeln, moralische Regeln, bisweilen auch Quotenregeln. Heimat ist nämlich auch Gemeinschaft: Ob sie nun ein Kiez, ein Dorf, ein Landstrich, eine Region oder sogar ein ganzes Land ist, sie wird von Menschen besiedelt, die ihre Heimat mit den Menschen, die bereits dort sind, erschaffen und erarbeiten. Deshalb heißt es ja auch »unsere« Heimat. Was wie ein Besitzanspruch klingt, aber eben auch ein Zugehörigkeitsgefühl ausdrückt. Dieser Besitz, dieses »Unser«, ist meist groß genug, um gut noch ein paar Leute aufnehmen zu können. Auf neugeborene Neumitglieder freut man sich ja auch. Warum also gegenüber Zugereisten so grantig sein wie Methusalix in *Das Geschenk Cäsars*, der erklärt: »Ich hab nichts gegen Fremde. Einige meiner besten Freunde sind Fremde. Aber diese Fremden da sind nicht von hier!«?[5] Im Comic sind die Fremden, die nicht »von hier sind«, irgendwann kein Problem mehr, nachdem man sich kennengelernt hat. Nur dauert das eben mitunter etwas. Und wenn gleich eine ganze Gruppe kommt, verhält es sich noch anstrengender: Oft bleibt die Gruppe der Neuen erst einmal unter sich und braucht Zeit, um gegenüber der neuen Umgebung »aufzutauen«. Das überfordert die meisten der Alteingesessenen, das geht mir manchmal nicht anders. Ab und an fehlt mir die Zeit und auch die Lust, schließlich habe ich noch mein eigenes Leben und bereits einen mich ausreichend auslastenden Freundeskreis.

Denn: Egal ob bei einer kollektiven »Das Boot ist voll«-Rhetorik oder im eigenen Leben, es gibt eine Angst vor Überforderung. Und es gibt persönliche wie kollektive Kapazitätsgrenzen. Aber Belastbarkeit ist eine individuelle Größe. Es lohnt sich also, in jedem Einzelfall zu prüfen, ob und wieviel eben doch noch möglich ist, wenn es um die Grenzen der eigenen Gemütlichkeit und des eigenen wie kollektiven Heimatbegriffes geht.

Heimat und Nomaden

Von Mossul über Wien nach Mainz – jedes Mal aufs Neue sind meine Eltern mit leeren Koffern gekommen und mit vollen Herzen gefahren. So auch 1964, als sie von Mainz nach Beckum zogen. Mein Vater hatte dort nach seinem Studium ein Jobangebot in einem Krankenhaus bekommen. Also wurde das Wenige, was sie hatten, zusammengepackt, und meine Eltern zogen ins Ruhrgebiet, zusammen mit meiner Schwester, die 1963 geboren wurde, aber ohne meinen Bruder. Er wurde zum Opfer der Pläne meiner Eltern. Sie schickten ihn im besten Wissen und Gewissen nach Bagdad, damit er dort zur Schule gehen, dort ankommen und sich dort heimisch fühlen würde. Unsere Verwandten sollten so lange auf ihn aufpassen, bis wir alle später irgendwann nachkommen würden.

Doch aus diesem Irgendwann wurde nichts. Und so ging mein Bruder sieben Jahre lang in Bagdad zur Schule, ohne dass meine Eltern nachkamen. Dort wurde er zwar königlich vom Rest unserer Familie, der im Irak geblieben war, umsorgt, aber die Trennung hinterließ Spuren. Das Schwanken zwischen »wir bleiben«, »wir gehen« und »wir halten uns alles offen« musste mein Bruder aushalten, während meine Schwester und meine Eltern in Deutschland blieben.

Ganz verstanden habe ich das nie. Viel darüber geredet haben wir leider auch nicht. Jedenfalls wohnten meine Eltern und meine Schwester etwas mehr als ein Jahr in Beckum, bevor der Ruf aus Datteln kam – der Stadt mit dem größten Kanalknotenpunkt der Welt, in der ich acht Jahre später das Licht der Welt erblicken sollte und die ich meine Heimat nennen würde. Ein Wort, das bereits als Kind für mich einen besonderen Klang hatte.

Die Krux am Begriff »Heimat« ist jedoch, dass er im progressiven Lager lange negativ besetzt war, allein schon, um sich vom konservativen Lager abzugrenzen. Das ändert sich allerdings gerade. Verbundenheit mit Heimat und innovatives Denken sind längst kein Widerspruch mehr. Warum auch? Heimat ist jener Ort, an dem man im Idealfall mental auftanken und die Seele baumeln lassen kann. Ein Ort, an dem es viel Vertrautes gibt, wenig Unerwartetes passiert und man nicht ständig aufpassen muss. Weil man nicht nur toleriert oder akzeptiert, sondern wirklich erwünscht und gewollt ist. Heimat ist ja keine Einbahnstraße, keine einseitig geschlossene Verlobung. Man beschließt nicht für sich, wo die eigene Heimat ist, man wird auch eingeladen und begrüßt. Übrigens auch vermisst und wiederaufgenommen im Falle einer Rückkehr oder nach langer Abwesenheit. Heimat ist immer auch Veränderung unterworfen. Dadurch verliert sie aber keinesfalls ihre grundsätzliche Bedeutung.

Kann man also einen emotional und politisch instrumentalisierbaren wie auch instrumentalisierten Ort, nämlich die Heimat, auf ein ganzes Land ausdehnen? Kann ein Nationalstaat Heimat sein? Ergibt es Sinn, den Begriff Heimat zu zentralisieren und dabei streng zu verallgemeinern? Ist es nicht vielmehr so, dass wir Heimat im Kleinen finden – zu Hause, im Kiez, im Verein – und gleichermaßen im Großen: in »unserer« Stadt, »unserer« Region, letztendlich auch in »unserem« Land? Das wäre eine Chance für alle, die bereit sind, eine Einladung auszusprechen: Hier, in unserer kleinen Heimat, könnt ihr eine neue Heimat finden. Denn was nützt die Heimat in Gedanken (und übrigens auch Gefühlen), wenn wir nicht bereit sind, wirklich unsere Arme auszubreiten?

Nun frage ich mich, was ich davon halten soll, wenn ich lese, dass knapp fünf Millionen Haushalte jährlich in Deutschland ihren Wohnort wechseln?[6] Das sind achteinhalb Millionen Menschen, mehr als jeder zehnte Deutsche also. Geschuldet ist dieses »Wandern« zu großen Teilen den Erfordernissen von Jobs, denen man hinterherzieht. Für die, die das tun, ist es eine Selbstverständlichkeit, die nicht groß infrage gestellt wird. Genauso wie es, als der Mensch noch

Nomade war, das Natürlichste der Welt war, den Herden hinterherzuziehen und dahin zu gehen, wo das Wetter so günstig war, dass man genug Nahrung finden konnte.

Seit einigen Jahren gibt es den Ausdruck »Digitale Nomaden« – Menschen, die irgendwas mit Internet machen und dafür nur einen Computer, einen Sitzplatz und eine Steckdose benötigen. Manche brauchen dazu auch noch einen Latte macchiato, weshalb man diese Leute meist in Cafés antrifft. Sie können potentiell von überall dort arbeiten, wo sie gerne sein möchten, wo es schön ist, wo man gut Party machen oder günstig wohnen kann, wo Freunde leben, wo das Wegebier (die Flasche Bier oder Radler, die inzwischen fast jeder in den Berliner In-Bezirken ab 17 Uhr mit sich rumträgt) sein Zuhause hat. Von ihnen habe ich tatsächlich noch nie gehört, dass sie ihre Heimat schützen müssen. Machen die sich Gedanken über die mögliche Verschiebung ihres Heimatbegriffes? Haben sie einen?

Mir scheint fast, Heimatschützer sind nur Menschen mit Wohneigentum. Oder all jene, die von ihm träumen, aus romantischen oder ökonomischen Motiven. Das würde passen, denn Heimat ist ja, wie wir sahen, in seiner ursprünglichen Bedeutung mit Grundbesitz verknüpft. Darum geht es vielen von uns also: mein Auto, mein Haus, mein Garten, mein Land. Eine Heimat zu haben heißt dann nicht nur, einen Ort, sondern auch Erworbenes zu verteidigen. Als der Begriff »Heimat« zu Beginn des 19. Jahrhunderts Teil der deutschen Behördensprache wurde, entwickelte sich auch ein anderer Begriff – einer für die Besitzlosen. Man nannte sie »heimatlose Gesellen«. Egal ob sie einen festen Wohnsitz hatten oder als Wanderarbeiter durchs Land zogen, also wie Dauermigranten, sie galten mangels Besitz als heimatlos.

Immer jedoch haben heimatlose oder auch fahrende Gesellen eine Verheißung in die Orte der Stabilität und Stagnation gebracht – durch Geschichten, Gebräuche und Klänge aus einer anderen Welt und einem anderen Leben. Erst das sogenannte Fremde lässt uns unsere eigenen Grenzen kennenlernen und diese manchmal auch überwinden.

Rechte Hetzer jedoch wollen gar keine Fremden, weil diese Veränderung mit sich führen: in der Sprache, in Gewohnheiten, im Straßenbild. Zur Abwehr definieren sie das Fremde als Bedrohung der Heimat: Wer nicht am Ort geboren wurde, gehört nicht dazu. Sie instrumentalisieren Heimat, um sich abzugrenzen, um »Fremde« draußen zu halten.

Mir ist es, wie vielen anderen auch, ganz schön in die Knochen gefahren, als AfD-Frontmann Alexander Gauland in der Wahlnacht 2017 verkündete: »Wir werden uns unser Land und unser Volk zurückholen.«[7] So schlicht und eindrucksvoll waren diese Worte, dass man sie nicht vergisst. Ich dachte damals und denke noch heute: Krass, jetzt werden Heimatgefühle gekapert und mit einer Ideologie vermengt, in der Ausgrenzung und Menschenverachtung ein wesentlicher Teil des Heimatgefühls sind. In diesem Verständnis ist Heimat nämlich von all denen bedroht, die in Deutschland ein neues Zuhause suchen. Wer sich in der Logik von Rechtsaußen zur Heimat bekennt, entscheidet sich automatisch gegen die offene Gesellschaft, gegen Weltoffenheit, gegen freie Religionsausübung, gegen den Respekt gegenüber Andersartigkeit, gegen die Freiheit, dass jeder nach seiner eigenen Façon glücklich werden darf.

Infolge dieser Logik sind sich die neuen Heimatschützer vollkommen sicher, wo und wie sie Leute verorten können – dass also meine Heimat *natürlich* im Irak liegt und eben nicht in Datteln in Nordrhein-Westfalen. Dort kann und darf sie nach deren einseitigem Verständnis gar nicht sein, egal, wie ich selbst darüber denke. Sie wollen bestimmen, wer und was dazugehört. Die Rechtspopulisten haben sich die

Heimat als Begriff, die Ausdeutung, ihre Gestaltung – unter den Nagel gerissen und zu ihrem Programm erklärt. Dazu zählen auch die selbsternannten »Identitären«, die »einen Kampf um Begriffe, um das Sagbare, letztendlich auch um das Denken« führen und »Widerstand gegen die derzeitige Politik leisten«, Integration »für eine Lüge« halten und verlangen, »dass unterschiedliche Kulturen getrennt voneinander leben und Immigranten ausgewiesen werden«.[8]

Das dürfen wir nicht zulassen. Bundespräsident Frank-Walter Steinmeier hat am Tag der Deutschen Einheit 2017 konsequenterweise dazu erklärt: »Diese Sehnsucht nach Heimat dürfen wir nicht denen überlassen, die Heimat konstruieren als ein ›Wir gegen die‹, als Blödsinn von Blut und Boden.«[9]

Aber wie geht das konkret? Wie bekommt man es hin, dass man sich die Heimat nicht von Leuten aus der Hand nehmen lässt, die sich zu Heimatschützern vor eigenen Gnaden küren? Ob ausgerechnet unser neu geschaffenes Heimatministerium bei dieser Aufgabe helfen kann, den Begriff neu aufzustellen, vor allem aber zum Wohle aller zu gestalten, wird sich zeigen. Ich sehe in der Gründung dieses Ministeriums auf jeden Fall eine Chance, unsere Identität als Deutsche modern auszugestalten und offen und ohne Schaum vor dem Mund über Heimat zu diskutieren. Nur der Minister selbst muss das vielleicht noch ein wenig üben. Und ich sehe Chancen, unsere deutsche Heimat auf neue Füße zu stellen, dabei das Bewährte zu bewahren und das Neue für alle gewinnbringend bei uns einzubauen.

Mein Problem: Derzeit bietet unsere Heimatbühne kein gemütliches Volkstheater, sondern wurde von Leuten gekapert, die offenbar nur ein Programm kennen. Es nennt sich »Frust, Hass und Misstrauen«. Und auch darüber müssen wir reden. Leider.

2

Hass

»Hayali, Du hast keine Mutter, bist im Schuhkarton gefunden worden, auf einem Misthaufen beim Bauer Johannes Brehm! – Verpiss dich umgehend Du Rindvieh als Rattenmensch unerträglich. Hau ab!! – Union gegen den Islam ev.«

Das ist nur ein Beispiel für die Hassnachrichten, die mich täglich so erreichen. Diese hier wurde mit der Hand geschrieben und per Post an mich geschickt. Sie war dem Schreiber also sogar noch das Porto wert. Heute bekommt man ja meist digitale Zuschriften. Wie diese von einem gewissen @michael_2018 per Twitter: »Links-Grüne Dumpfbacke Hayali! Ekelhafte gequirlte Scheisse was aus deren Feder kommt! Verpiss dich!!«

Es ist bemerkenswert, wie häufig »aufrechte Deutsche« mit der Grammatik ihrer Muttersprache auf Kriegsfuß stehen. Ein »gesetzestreuer hochqualifizierter Bürger« schrieb mal einen langen Brief voll wüster Beschimpfungen mit so vielen Fehlern, dass er dafür selbst an einer Brennpunktschule eine Sechs bekommen hätte. Gegenstand seiner Wut war, dass ich ihm den ganzen Tag versaue, wenn er mich morgens im ZDF-*Morgenmagazin* sieht. Wie ich das hinkriege, schrieb er nicht, auch nicht, warum er sich offenbar gezwungen sieht, dennoch immer wieder das *Moma* einzuschalten. Dies nicht zu tun wäre das einzige, was ich ihm empfehlen könnte.

Ein anderer hat sich sogar mal die »Mühe« gemacht, mir eine Aktennotiz zu schicken, die sich an die Abteilung »Vergasung« richtet. Darauf mein Name und die Bemerkung: »Ausführung gemäß der Anweisung vom Islam«, versehen mit dem Datum 20. 5. 16 und einer unleserlichen Unterschrift. War das jetzt antimuslimisch oder antichristlich gemeint? Das weiß wohl nur der anonyme Verfasser. Man kann natürlich darüber spaßen. Aber man kann es auch als eine klare Todesdrohung bewerten.

Das sind aber bei Weitem nicht alle Varianten dessen, was man mir zukommen lässt. Man wünscht mir, mich vergewaltigen zu lassen, »beschimpft« mich als »Muslima« (dass ich Christin bin, spielt dabei keine Rolle), als »hässlich«, als »Dschihadistin« und »Kampflesbe als »quartalsirre«, »Türken-Hure«, »vollhure«, »kackhaufen«, »schmierenkommödiant«, »Systemnutte des ÖR«, »Sklavenhalterin«, »Eselvickerin«, »dummes Stück Scheiß« ... Oder man meint, ein »Fadenkreuz auf der Stirn würde ihnen viel besser stehen als ein Bundesverdienstkreuz!« (Alle orthographischen Fehler sind so aus den Hassschreiben übernommen.)

Ich wäre gerne cooler, abgeklärter. Ich habe mir immer wieder gesagt, dass es eben Spinner und Irre da draußen gibt und immer gegeben hat. Und dass all das vielleicht der Preis für ein Leben in großer Öffentlichkeit ist. Noch dazu, wenn man gerne selber austeilt, mit Humor und Sarkasmus. Aber das glaube ich mir selber nicht. Denn es geht eben nicht nur um mich. Was ich erfahre, ist der Ausschnitt einer Hasskultur, die uns alle beschädigt. Die wir nicht abtun können, weil sie nämlich Wirkung zeigt – in der Gesellschaft und bei jedem einzelnen von uns. Auch bei mir verfehlen die Hassmails ihre beabsichtigte Wirkung nicht. Sie gehen selbst in ihrer ganzen Idiotie unter die Haut, auch dann, wenn manche Absender zu blöde sind, ihre eigene Ideologie richtig zu kennen, oder schlicht nicht in der Lage, zu formulieren, was sie eigentlich meinen. Einmal wurde mir tatsächlich ein Zettel geschickt, auf dem ein verkehrt herum gezeichnetes Hakenkreuz prangte. Daneben der Satz: »Raus Hayali los!«

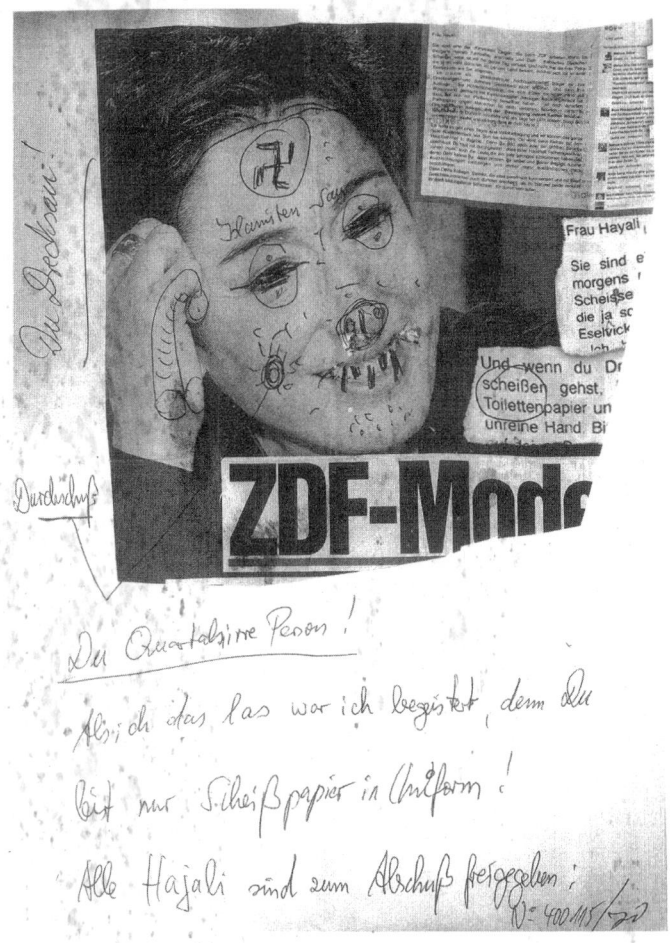

Dieser Hass ist auch deswegen so unerträglich, weil es Gehirnzellen abtötet, sich all dieses wirre Zeug durchzulesen. Es ist weder unterhaltsam noch lustig. Da lässt sich keine Befriedigung draus ziehen und auch kein intellektueller Gewinn wie bei einer wirklichen Diskussion mit konträren Meinungen und Argumentationen.

Und ganz ehrlich: Es kotzt mich an, so behandelt zu werden. Es kotzt mich an, dass unendlich viele andere auch so und noch übler behandelt werden. Es kotzt mich an, dass die Leute, die dies tun, meist zu feige sind, sich einer echten Diskussion zu stellen. Es kotzt mich an, permanent das Ventil spielen zu müssen und allen möglichen Hass bei mir abgeladen zu bekommen von Leuten, mit denen ich nichts zu tun habe, für die ich eine Projektionsfläche für Vorurteile bin. Es kotzt mich an, die ständigen Diffamierungen, Verleumdungen und Beleidigungen dieser Leute ertragen zu müssen. Es kotzt mich an, dass sie Menschen entwerten und auf den Müll werfen wollen.

Wenn man wie ich hier geboren wurde, hier aufgewachsen ist, hier seine Schul- und Herzensbildung genossen hat, arbeitet, Steuern zahlt, sich engagiert, dann fragt man sich in diesen Zeiten umso mehr, was man eigentlich verbrochen hat, um als »Muselfotze«, »arabisches Stück Scheiße« oder als »Stück Vieh, das abgeschlachtet gehört« bezeichnet zu werden. Was muss man eigentlich (noch) tun, um dazuzugehören? Könnten sich die sogenannten Heimatbewahrer mal entscheiden? Ist man nicht erfolgreich, heißt es: »Guck mal, das faule Pack. Lebt hier auf unsere Kosten.« Ist man erfolgreich, ist es auch nicht richtig. Der Aufstieg wird zum Problem, denn man verlässt offenbar den zugewiesenen Platz am Rand, die klare Unterscheidbarkeit aufgrund des Migrationsvordergrundes löst sich auf. Und deshalb werde (auch) ich zur Bedrohung – zur Bedrohung von Arbeitsplätzen, die ja eigentlich den »Deutschen« gehören; zur Bedrohung der Gesellschaft, denn die »feindliche Übernahmen aller Institutionen« steht ja quasi kurz bevor. So wie die Islamisierung natürlich auch. Glaubt eigentlich irgendwer ernsthaft all diesen Quatsch?

Aber was mich und wie es mich ankotzt, ändert nun mal leider gar nichts. Deswegen habe ich mich vor über drei Jahren dazu entschlossen, zurückzuschreiben. Dadurch habe ich die Tür natürlich noch weiter geöffnet. Aber es macht mich krank, dass diese Menschen, die nur Hass und Gülle ausschütten und keinen einzigen positiven Gedanken ihr Eigen nennen, versuchen, das Klima unserer offenen Gesellschaft zu vergiften, ohne dass sich ihnen jemand ernsthaft entgegenstellt. Wenn wir unsere Demokratie, unser tolerantes Miteinander, ja, unser Land, wie wir es kennen, erhalten und weiter voranbringen wollen, dann dürfen wir uns all dies nicht von denjenigen wegnehmen lassen, die von Hass, Missgunst und Abschottungsphantasien geleitet werden.

Auf der Suche nach dem verlorenen Dialog

Die Hass-Show bietet ein volles Programm, und ich gebe es mir, um zu wissen, wohin der falsche Hase läuft. Und übrigens auch, um wachsam dafür zu bleiben, welche Ideen und Aspekte in mein Umfeld und unsere Gesellschaft eingesickert sind und wo ihr Ursprung liegt. Denn ich werde nicht nur als Frau per se und als Frau mit Migrationskontext angefeindet, sondern auch als Journalistin, die fürs ZDF arbeitet. Hier gibt es vor allem zwei Hater-Lager. Das eine ist der Meinung, ich missbrauche meine Position als Journalistin, um meine eigene Agenda durchzusetzen. Das andere sieht ARD und ZDF generell als gelenktes Staatsfernsehen, als Teil der Systemmedien, und mich als eine ihrer schlimmsten Agentinnen.

Klar klingt das alles absurd. Aber ich gehe darauf ein – Mail für Mail, Kommentar für Kommentar. Wir Journalisten stehen nämlich nicht zuletzt in der Pflicht, uns zu erklären, mehr Transparenz zu schaffen und uns den vielen Fragen zu stellen, die die Menschen haben, auch wenn man mit manchen Fragen erst mal gar nicht rechnet, vielleicht auch nicht rechnen kann oder will, aber sei's drum. Diese Pflicht, auch der Hassfront nachzugehen, habe ich mir zur Aufgabe gemacht. Die sozialen Medien bieten eine ideale Plattform, um in direkten Kontakt zu kommen. Ich halte diesen Kontakt für wichtig, um für diese Menschen von einem Gegenstand des Hasses zu einer realen Person zu werden. Es kann nicht immer funktionieren, aber jeder erfolgreiche Einzelfall zählt.

Deshalb werde ich dort weiter schreiben und diskutieren. Ich sehe meine Facebook-Seite als meine persönliche Kommentar- und Meinungsseite an. Ich betreibe sie privat.

Tja, aber was ist schon privat, wenn man als »die Frau vom ZDF« wahrgenommen wird? Diese Vermischung durch die Leser und Zuschauer ist mir bewusst. Aber soll ich deshalb meine Grundrechte ad acta legen? Auch als Journalistin, die für einen öffentlich-rechtlichen Sender arbeitet, kann ich mir die Freiheit nehmen, zu kommentieren – persönlich, so gut wie nie parteipolitisch, an der Sache entlang. Vor allen Dingen bin ich auch um Antworten auf Kommentare bemüht, die auf meine Beiträge folgen.

Manch einem geht das zu weit. Ich sei ein Moralapostel, der aus seinem Elfenbeinturm heraus gut reden habe, heißt es dann gerne, und ich ließe eh keine andere Meinung gelten, und wieso müsse ich überhaupt zu allem meinen Senf dazugeben?

Das bringt mich immer wieder zum Nachdenken. Denn erstens gehen Moral und Meinung nicht automatisch Hand in Hand. Zweitens: Wieso liest jemand etwas, das ich schreibe, wenn er meinen besagten Senf gar nicht hören will? (Nun gut, oft merkt man schnell, dass ein Nörgler den Text, zu dem er sich auslässt, gar nicht gelesen hat, sondern einfach mal wieder ein bisschen was raushauen wollte.) Drittens: Ich gebe gar nicht zu allem meinen Senf dazu. Wenn jedoch Printmedien meine Postings aufnehmen und daraus selbst eine neue Geschichte machen, mag das den Eindruck einer Omnipräsenz erwecken. Ich bewege mich übrigens auch deshalb viel im Internet beziehungsweise in den sozialen Medien, weil ich wissen will, was in den diversen Blasen so passiert. Ich will möglichst viele Versionen der Wirklichkeit verstehen, die sich Menschen bauen. Und weil ich das wirklich sehr ausführlich tue, maße ich mir an, Kritik zu äußern und Vorschläge zu machen.

Wir Journalisten dürfen das Internet nicht denjenigen überlassen, die dort Propaganda und tendenziöse Berichterstattung betreiben. Oder die uns – meist zu Unrecht, aber manchmal auch mit ernstzunehmender Kritik – angreifen. Da müssen wir analysieren und bei Bedarf gegenhalten mit klarem Fehlermanagement und Transparenz im Rahmen unserer journalistischen Arbeit. Wir müssen neugierig und durchlässig für Stimmungen und Meinungen sein, aber nicht nachlässig. Wir dürfen nicht mit zweierlei Maß messen, wenn es um die Bewertung von Aussagen und Sachverhalten geht, und müssen alles hinterfragen: unsere Fragen, unsere Antworten, unsere Quellen, den gesamten eigenen Blickwinkel. Das geht nicht am grünen Tisch oder mit dem Einschalten unserer elektronischen Geräte, sondern dafür müssen wir raus zu den Leuten, ihnen zuhören, bereit sein für den Dialog, für den Perspektivwechsel. Und wir dürfen uns nicht davon irritieren lassen, dass genau die Menschen, die Meinungsfreiheit rufen, uns unsere Meinungsfreiheit absprechen wollen.

Für viele gibt es zur Zeit kein »sowohl als auch«, nur noch »entweder oder«. Nur noch schwarz oder weiß, nur noch »links oder rechts«. Menschen in Boxen zu packen macht das Leben einfacher. Es ist dann sortiert. Aber nicht jeder, der nicht rechts (-populistisch, -radikal, -extrem) ist, ist gleich ein Linker. Oder gar linksextrem. In der Regel ist derjenige schlicht ein Demokrat.

Für mich, die meist versucht, in den Schuhen des anderen zu laufen, ist die aktuelle Situation zum Haare raufen. Im Gespräch ist ein Witz, ein Augenzwinkern oder ein Piesacken kaum mehr möglich. Es wird sofort verbal geschossen. Treffer, die unterhalb der Gürtellinie landen, werden gefeiert. Und sollte mal eine kleine Annäherung in Sicht sein, wird das oft als Einknicken verurteilt. »Dialog am Rande des Wahnsinns«, sage ich manchmal zu meinen Freunden.

Für diese Dialogbereitschaft habe ich mir ein dickes Fell zulegen müssen. Obwohl mir bei manchen »Argumenten« die Haare ganz schön zu Berge stehen: Denn ich kann dieses Gejammer übers abgehängt sein, übers ungerecht behandelt werden, übers unbeachtet bleiben und nicht gehört, nicht ernst genommen werden nicht mehr hören. Das sind einfach zu häufig faule Ausreden, um die eigene Menschenfeindlichkeit zu relativieren und sich vor der Verantwortung fürs eigene Leben zu drücken. Natürlich gibt es, nicht nur unter meinen Kritikern, einige Unglückliche, die tatsächlich aktiver Hilfe bedürfen, und diese Hilfe oder Unterstützung gibt es leider nicht immer so effektiv und zügig, wie sie sein sollte. Bisweilen fehlt sie ganz. Man muss auch nicht immer lächeln, bestimmt nicht. Aber es gibt kein Grundrecht auf Unfreundlichsein, selbst wenn man denkt, es gehe einem besonders dreckig. Wenn aus Frust Hass entsteht, führt von diesem oft ein nur sehr kurzer Weg in die Gewalt gegen all jene, die der Hassende für das eigene Versagen verantwortlich machen will. Hier reden wir vom ausgelebten, zerstörerischen Hass. Es geht nicht darum, dass jemand keine Ausländer mag, keine Schwulen oder keine AfD-Wähler, auch wenn mir viele Haltungen persönlich nicht passen. Jeder darf seine Meinung, seine Haltung, seine Religion haben, so lange er dabei nicht übergriffig wird. Es ist alles im grünen Bereich, solange man einander respektiert, nicht beschimpft oder – selbst an diese Übertretungen scheinen wir uns schon fast gewöhnt zu haben – gar mit dem Tode, mit Vergewaltigung oder Deportation droht. Letzteres fällt unter Hassrede, wogegen es klare Gesetze gibt. Genügend Facebook-Hater benutzen ihre Klarnamen, da kann man auf juristischem Weg schon ein bisschen was machen.

Etliche solcher Auswüchse habe ich selbst erlebt. Das geht weit über die Auseinandersetzung mit meinem beruflichen Ethos hinaus. Das wird persönlich. Da frage ich mich: Was ist so gewaltig schiefgelaufen, dass es Menschen gibt, die sich allen Ernstes die Mühe machen, ihren Hass dermaßen zu hegen und zu pflegen? Haben die sonst kein Leben? Keine Ziele? Und wenn Hass ihr Leben ist, wie ist es dazu gekommen? Was löst diesen starken Hass bei Menschen aus?

Wenn ich mich über etwas aufrege, dann vergeht das wie bei den meisten Menschen relativ rasch wieder. Klar, sich aufregen, auch mal brüllen, das sind ganz menschliche Ventile. Immer alles runterzuschlucken verursacht Magengeschwüre. Man muss sich auch nicht alles gefallen lassen, manchmal muss man anderen ein eindeutiges »Stopp!« entgegenwerfen, wenn sie einem zu nahe getreten sind. Aber ich spreche hier von spontanen Konfrontationen von Angesicht zu Angesicht, da darf es schon mal heftiger werden, solange man nicht aufeinander einschlägt – und solange man sich wieder einkriegt und gesittet miteinander umgeht. Wir sind alle emotionale Wesen.

Aber so verhält es sich nicht mit den Hassern, die mich und all die anderen ja nicht vis-à-vis, sondern im Internet virtuell angreifen. Das sind verbale Tiefschläge, das ist ein enthemmtes Treten und Nachtreten, ohne Shakehands und Bereitschaft, eigene Fehler einzugestehen.

Und immer wieder diese Frage, auf die ich keine Antwort finde: Warum sind Menschen so hasserfüllt? Wie kommt es, dass manche Menschen meinen, so mit anderen Menschen umgehen zu dürfen? Hat es etwas damit zu tun, dass sie sich selber nicht mögen? Offenbar ist die Frustration, die Unzufriedenheit mit sich und der eigenen Situation so groß, dass sie sich nur kurzfristig davon ablenken können, indem sie andere auf Facebook, in E-Mails und in Kommentarspalten virtuell bespucken, vergewaltigen, treten oder ins Meer zurückwerfen.

Gerade in den (a)sozialen Medien nehmen Hass und Drohungen immer weiter zu; die Anfeindungen werden härter, zügelloser, unversöhnlicher, unverschämter. Teilweise sind die entsprechenden Nachrichten so krude formuliert, dass man gar nicht weiß, was eigentlich gemeint ist. Ich kann nicht ausschließen, dass einige der aufgebrachten Schreiber total alkoholisiert waren, so beleidigend und menschenverachtend, vor allem aber so sinnfrei lasen sich ihre Absonderungen. Es ist manchmal einfach – mit Verlaub – wirrer Scheiß, den die formulieren, und ich bin offenbar ihr Klo.

Und es scheint, als sei die Verkürzung, zu der vor allem das Medium Twitter seine Nutzer zwingt, zur notwendigen Bedingung jeden Diskurses geworden. Und kurz heißt eben auch: verkürzend, auf Pointe oder schnelle Stimmungen zielend – ein idealer Nährboden für Diffamierung. Treten und Nachtreten mit wenigen Worten. Mit der Aussicht darauf, sich noch lange an dem Schaden erfreuen zu können, den man mit so geringem Aufwand angerichtet hat.

Viel Lärm um eine Minderheit

Es ist durchaus kein rein deutsches Phänomen, dass das Laute, Unversöhnliche im Netz an Raum gewinnt. Dass gezielt Grenzen überschritten werden, was Empörungsspiralen nach sich zieht, die das vorher Unsägliche immer wieder aufs Neue ins nun endlich Gesagte und damit ab sofort Sagbare wenden, bis es dann schließlich als die Meinung wenn auch nicht aller, so doch vieler erscheint. Als eine deutlich hörbare Meinung, mit der man sich auseinandersetzen muss.

Aber müssen wir das wirklich? Eine klare Mehrheit hierzulande handelt nämlich überhaupt nicht entlang solch ausgrenzender und menschenverachtender Überzeugungen. Nur ist diese Mehrheit geräuschloser und, ja, bescheidener.

Wen man hingegen deutlich hört, sind die Schreihälse und ihre Kampfbegriffe. Inmitten des Vorwurfshagels zwischen »links-grün-versifft« bis »Nazi« suche ich manchmal verzweifelt die Mitte, die bedächtigen Abstufungen. Wo sind die Menschen, die konstruktiv ihre Teilhabe an der Gesellschaft wahrnehmen? Die Gegensätze anerkennen, aber das Verbindende suchen und fördern, nicht das Trennende? Sie sind da, aber man sieht einfach zu wenig von ihnen.

Für alle sichtbar wurde dieser Teil der Öffentlichkeit im Spätsommer 2015. Da haben die Deutschen Geflüchtete mit offenen Armen, Luftballons, Teddybären und Blumen empfangen und ihnen die Hoffnung gegeben, in Deutschland eine freundliche Aufnahme, vielleicht auch eine neue Heimat zu finden, weil ihre alte (nicht selten im wahrsten Sinnen des Wortes) abgebrannt war. Millionen von Freiwilligen engagierten sich, um diese Hoffnung konkret werden zu lassen. Das war auch bitter nötig, denn der Staat alleine hätte die Herausforderungen gar nicht bewältigen können, weil er nicht darauf vorbereitet war.

Wie desorganisiert und prekär die Situation in jener Zeit war, konnte man gut anhand des LAGeSo, dem Landesamt für Gesundheit und Soziales, in Berlin sehen. 2015 kamen 80 000 Menschen nach Berlin – gerechnet hatte man mit 10 000 bis 15 000, die die Stadt hätte aufnehmen sollen. Diese Fehlkalkulation führte dazu, dass die Menschen noch zu Beginn des Jahres 2016 im tiefsten Winter bei Minustemperaturen tagelang draußen anstehen mussten, um überhaupt registriert zu werden.[1]

Nein, ohne die Hilfe der Freiwilligen hätte damals wenig funktioniert. Und noch heute engagieren sich viele Leute in diesem Land für jene, die hierher geflüchtet sind. Tatsächlich ist es weiterhin nur eine Minderheit fremdenfeindlicher Krakeeler, die mit ihrem Geschrei einen so totalen wie lautstarken Konfrontationskurs steuern, weil sie vorgeben, ihre Heimat verteidigen zu müssen (oder glauben sie es am Ende gar wirklich?). Lauter als die Mehrheit sind sie allemal, und so verdichtet sich der Eindruck, sie würden den Ton angeben. Das wiederum führt dazu, dass es ihnen mehr und mehr gelingt, zu bestimmen, wie wir, wie der ganze Rest, zu denken und zu leben hat. Mindestens aber, worüber die Medien und damit wir alle zu diskutieren haben und in welcher Form.

Wie ist es dazu gekommen, dass aus dem humanistischen »Wir« ein ausgrenzendes »Ich« geworden ist? Dass Heimat ein Kampfbegriff wurde, anstatt eine Einladung oder zumindest ein Willkommen auszusprechen? Ich weiß, ich stelle viele Fragen, auf die ich keine Antworten habe, zu denen ich allenfalls Mutmaßungen anstellen kann. Und doch finde ich es wichtig, auch Fragen in den Raum zu stellen, auf die man (noch) keine Antworten findet. Weil sie auch an jene gerichtet sind, die nicht fragen und zweifeln, sondern sich ihrer Sache sicher sind, weil sie zu schnelle, zu voreilige Antworten gefunden haben.

Wir alle wissen, dass früher nicht alles besser war. Und doch haben meine Familie und ich damals gute Erfahrungen gemacht. Und ich kann und muss immer wieder auf meine Familie zurückkommen, weil ich dort Antworten finde, denen ich vertrauen kann. Wir haben gesehen, dass Ressentiments nichts Zwangsläufiges oder gar Natürliches sind und es nicht so sein muss, dass diejenigen, die neu ankommen, sich erst einmal gegen Ressentiments beweisen müssen. Ein offenes, wohlwollendes Deutschland war es, das meine Eltern damals angetroffen haben.

Erosion der Sicherheit

Mitte der sechziger Jahre ging es also für meine Familie von Beckum nach Datteln. Allerdings war ein bisschen Überzeugungsarbeit vonnöten. Denn obwohl mein Vater einen Kumpel am Krankenhaus in Datteln hatte, einen Landsmann, wollte er zunächst das Angebot ausschlagen. »Da war alles grau, selbst die Wäsche, die draußen zum Trocknen hing«, erklärte er mir Jahrzehnte später.

Aber dann gab es ein verlockendes Angebot: eine günstige Wohnung oder etwas mehr Geld – er wusste es später nicht mehr. Und so wurde er im St. Vincenz-Krankenhaus in Datteln zunächst Assistenz-, später dann Oberarzt. 1975 folgte dann die Niederlassung als praktizierender Arzt.

Und er war ein guter Arzt – und beliebt. Er hatte immer ein offenes Ohr für seine Patienten. Seine Hausbesuche waren keine Pflicht, sondern seine Kür. Er kümmerte sich, er hörte zu, er war da. Die Zeit, die er mit seiner Arbeit verbrachte, war die Zeit, die uns fehlte. Lange habe ich das nicht verstanden. Ich war sogar sauer. Bis wir vor gut 20 Jahren ein Gespräch darüber führten. Ich fragte ihn, ob er es nicht bereue, so viel gearbeitet zu haben. »Doch«, sagte er, und er würde es, wenn er könnte, ein zweites Mal anders machen. Meine Schwester und ich haben ihm damals verziehen, und heute muss ich sagen, dass ich ihn verstehe. Die Leidenschaft für unsere Arbeit verbindet uns. Beide brennen wir für das, was wir tun.

Aber noch etwas anderes erfüllt mich mit einem versöhnlichen Gefühl. Wann immer ich in Datteln bin, sprechen mich Menschen auf der Straße auf meinen Vater an. Sie erzählen mir Geschichten: wie er sich um sie gekümmert hat, wie er ihr Leben gerettet hat, manchmal auch Freundschaften oder Ehen. Sie bedanken sich für seine Arbeit und seinen Einsatz. Mich erfüllt das mit Stolz. Ein Wort, mit dem ich sparsam umgehe, aber hier passt es.

Meine Eltern sollten Datteln niemals mehr verlassen. Warum auch? Sie waren angekommen. So sehr, dass mein Vater seine Rückkehrpläne verwarf und auch meinen Bruder aus dem Irak zurückholte. Die politisch angespannte Situation dort machte diese Entscheidung zusätzlich leichter. Selbst die Geschwister meiner Eltern, die mittlerweile mehrheitlich in Bagdad lebten, fragten, ob sie denn verrückt seien, auch nur mit dem Gedanken zu spielen, wieder zurückzukommen. Sie sollten gefälligst bleiben, wo sie waren. Nämlich in Sicherheit.

Für meine Eltern war es ja kein großes Problem, im Ruhrgebiet heimisch zu werden. Man hat es ihnen leicht gemacht. Sie haben aber auch ihrerseits alles dafür getan, um es den anderen leicht zu machen, sie zu integrieren. Mein Vater war neben seiner beruflichen Karriere sportlich aktiv und meine Mutter konnte gut mit Menschen und war gerne in Gesellschaft – in Gesellschaft von netten Menschen, für die Herkunft, Hautfarbe, Religion, finanzieller Status oder ähnliches keine Rolle spielten. Und offenbar spielten diese Merkmale auch keine Rolle für unsere neuen Freunde. Unsere neue Familie. Integration ist in der Tat keine Einbahnstraße.

So lernten sie Land, Leute und Gepflogenheiten kennen. Bei uns zu Hause wurden Feste gefeiert, wir fuhren mit deutschen Bekannten in den Urlaub, die zu Freunden wurden, und vieles mehr. Innerhalb kürzester Zeit hatte ich etliche Ersatztanten und -onkels um mich; meine echten waren ja fast alle im Irak geblieben.

Was mich betrifft, war es sicher hilfreich, dass mein Vater mich, gefühlt bevor ich laufen konnte, zum Tennis geschleppt hat. Dann zum Judo. Dann irgendwann zum Volleyball und zum Fußball. Sport verbindet. Sport macht Unterschiede unsichtbar, jedenfalls für die Dauer des Spiels. Bei mir auch darüber hinaus.

Dass meine Eltern relativ schnell zur Stadtgesellschaft gehörten, führte dazu, dass ich meine gesamte Kindheit und Jugend über bis hinein ins Erwachsenenalter zu keinem Zeitpunkt das Gefühl hatte, nicht deutsch zu sein, nicht dazuzugehören. Ich kam überhaupt nicht auf die Idee, dass ich anders sein könnte als die Kinder in meiner Klasse, als die Kommilitonen an der Uni, als meine Arbeitskollegen im Job.

Ein einziges Mal, ich muss so 13 gewesen sein, gab es einen Moment der Irritation. Ich saß mit meinem Vater im

Auto, er wollte mich zum Tennistraining fahren. Die Ampel sprang auf Rot, wir hielten, saßen da und warteten. Plötzlich, wie aus dem Nichts, sagte er zu mir: »Vergiss nie, wo du herkommst. Du wirst für viele immer eine Ausländerin sein.«

Ich weiß nicht, was in dem Moment größer war: meine Augen, meine Ohren, die Stille in meinem Kopf, die einsetzende Wut oder das absolute Unverständnis. Denn verstehen konnte ich das nicht. Das sagte ich ihm und auch, dass er aufhören solle, so einen Quatsch zu reden. Ich hatte schlicht nicht das Gefühl, dass ich eingeschränkt war oder wurde. Ich war ich. Ich war deutsch. Ich war normal. Ich gehörte dazu. Was also, um Himmels Willen, wollte er von mir? Er blieb still.

Im Alter von 32 Jahren habe ich es dann verstanden. Als ich 2007 meinen Job beim ZDF antrat, wollten Menschen mir erstmals meine Heimat absprechen. Es erreichten mich die ersten Briefe und Schmähschriften. »Wie kann denn bitte schön eine Ausländerin im *heute-journal* sitzen und uns Deutschen die Nachrichten präsentieren?« oder »Wo ist denn das Kopftuch hin? Wenn das der Muselvater sieht, dann wird sofort zwangsverheiratet.« So lauteten noch die netteren Zeilen, die per Post und E-Mail eingingen. 2015, das Jahr, in dem so viele Eskalationen an Fahrt gewannen, weiteten sich auch die Schmähungen gegen mich erheblich aus. Daran gewöhnt man sich nicht.

Die digital vorbereitete Gewalt hat sich dann auch ins echte Leben eingeschlichen. Es gab (und gibt) »Konfrontationen« auf der Straße. Kurz vor der Verleihung der Goldenen Kamera im Jahr 2016 etwa war ich in Berlin-Friedrichshain einkaufen, also in einem, sagen wir mal, eher toleranten Kiez. Ich stand da, bepackt mit Einkaufstüten, und suchte mal wieder mein Auto. Ein junger Mann fuhr auf seinem Rad an mir vorbei. Ich schaute ihm hinterher, er sah eigentlich ganz nett aus. Plötzlich hielt er an und stand unversehens direkt vor mir. »Du Lügenpresse, du Lügenfresse«, schrie er mir ins Gesicht. Ich war so geschockt, dass ich einfach gar nichts mehr denken konnte. Und auch nichts sagte. Nichts versuchte. So schnell, wie er vor mir stand, sprang der Mann wieder zurück auf sein Rad und war weg.

Zumindest wurde er nicht handgreiflich. Aber war er nicht schon kurz davor? Seit diesem Erlebnis muss ich oft an die Zeichnung denken, auf der man einen kleinen Vogel sieht, über dem steht: »Ich kann Karate.« Na gut, ich kann Judo. Und seit jenem Tag kann ich auch Pfefferspray.

Jetzt kann man sagen: »Ist doch nur Gerede. Nimm das nicht so ernst.« Seit dieser ersten Erfahrung – auf die übrigens deutlich aggressivere folgen sollten – gibt es in meinem Hinterkopf einen Bereich, der auf »Alarm« eingestellt ist. Dass es in meinem Leben mitten in Deutschland so weit kommen würde, hätte ich noch vor ein paar Jahren nicht für möglich gehalten.

In letzter Zeit kommt mir daher immer wieder eine alte Geschichte in den Kopf. Im August 1992 sitze ich mit meinem besten Freund zusammen auf dem Sofa. Wir schauen Nachrichten. Was wir sehen, erschreckt uns. Es sind die Bilder aus Rostock-Lichtenhagen. Vor einem Wohnblock kommt es zu den bis dahin schwersten ausländerfeindlichen Krawallen der deutschen Nachkriegsgeschichte. Minutenlang sagen wir nichts. Dann dreht sich mein Freund um und sagt: »Wenn es wieder losgeht, versteck ich dich im Keller.«

Kurze, verlegene Pause. Dann mussten wir beide lachen. Wenn ich heute an die Geschichte zurückdenke, bleibt mir das Lachen im Halse stecken.

Ich bin froh, dass meine Eltern all das, was heute passiert, all das, was mir passiert, all das, was heute wieder sagbar geworden ist, nicht mehr wirklich mitbekommen. Meine Mutter ist nach einer langen Parkinsonerkrankung 2016 verstorben. Mein Vater war bereits seit längerer Zeit dement; 2019 ist auch er gestorben. »Das mitzuerleben, wie mir, wie uns unsere Heimat abgesprochen wird, das haben sie nicht verdient«, schwirrt mir immer wieder im Kopf herum.

Diese massive Abneigung, die meine Eltern *nicht* erfahren haben, setzen einem Menschen schon zu. Man verändert sich innerlich, wenn man ständig als Höhlenbewohnerin oder Schlimmeres bezeichnet wird. Es macht was mit einem, wenn man aufgefordert wird, sich bitte von Muslimen im Irak vergewaltigen zu lassen, damit man endlich mal weiß, was Deutschland für ein tolles Land sei. Es macht was mit einem, wenn man weggesperrt werden soll, weil man als Musel-Schlampe kein Recht habe, hier seine Meinung zu sagen. Es macht was mit einem, wenn man hört, man solle »gekennzeichnet« werden.

Zunächst habe ich es gar nicht richtig an mich herangelassen. Auch weil mir immer klar war, dass und wie viele andere Menschen, die nicht meine Privilegien genießen, weitaus härtere Dinge erleben. Das stimmt – und dennoch kann ich nicht wegdrücken, was ich nicht verstehen kann und will und dessen Auswirkung ich eben doch in mir spüre, allen Selbstbeschwichtigungen zum Trotz. »Die meinen eigentlich nicht mich. Das sind nur Worte«, redete ich mir lange ein. Aber gerade als Journalistin weiß ich um die Macht der Worte. Wie sich Dinge ganz hinten im Kopf festsetzen, weil sie massiv oder wiederholt vorgebracht werden, und dann nach vorne kriechen, gerade in Momenten, in denen man es ganz und gar nicht gebrauchen kann. Im Supermarkt, im Zug, in der Stadt – wo immer ich war und mich jemand ansah, dachte ich: »Okay, gleich kommt er rüber und haut dir eine runter.« Das hatte vielleicht leicht paranoide Züge, denn vielleicht guckte derjenige mich nur an, weil er mich nett fand. Vielleicht guckte er gedankenverloren durch mich hindurch und sah mich gar nicht. Vielleicht kannte er mich nicht einmal. Aber man weiß es eben nicht.

Das führte eine Zeitlang dazu, dass ich niemandem mehr in die Augen blickte. Niemandem ein Lächeln schenkte, niemandem die Hand reichte, niemanden in ein Gespräch verwickelte. Bis eine Kassiererin in meinem Stammssupermarkt mich fragte, ob alles in Ordnung bei mir sei – ich sei so anders in letzter Zeit. Und ob sie etwas für mich tun könne. Das war ein Weckruf.

Manchmal verändert ein einziger Satz das Leben. Vor allem, wenn das vom Sprechenden gar nicht geplant war. Nach der Verdrängung kam das Zulassen. Und das ehrliche Hinterfragen. Haben diese Menschen am Ende recht mit manchem, was sie mir vorwerfen? Wie viele denken so? Warum denken sie so? Ist es meine Schuld?

Dann kam die Wut. Sie ließ mich härter werden. Ich hatte schließlich etwas zu verteidigen: die Lebensleistung meiner Eltern. Meine Familie, die ebenfalls bedroht wurde. Meinen Hund, den man vergiften wollte. Mich selbst. Meine Haltung. Mein Leben. Meine Einstellung zur Gemeinschaft, die auf dem Grundgesetz und den Zehn Geboten beruht.

Doch Wut ist, wie Angst, kein guter Berater. Die Wut hat mich weniger durchlässig gemacht, im Gegenteil, sie hat mich dicht gemacht. Verschlossen.

Dann setzte die Phase ein, in der ich bis heute bin: die, in der ich erklären, verhandeln, diskutieren, zuhören will, in der ich versuche, zu verstehen. Kurz: die Phase des Dialogs. Ich wollte nicht als Opfer dastehen. Ich habe mich nie in der Opferrolle gesehen und sah nicht ein, mich von deutschen »Blut und Boden«-Verteidigern nun plötzlich in eine hineindrängen zu lassen. Ich wollte den Diskurs aktiv mitgestalten.

Doch eines wird es bei mir nicht geben: Akzeptanz. Ich kann und werde nicht akzeptieren, dass verblendete Idioten mir mein Recht absprechen, meine Meinung zu sagen, mein Leben zu leben, Deutschland meine Heimat zu nennen. Weder mir, noch irgendjemand anderem darf das widerfahren. Das ist meine Einstellung. Meine Überzeugung. Mein Recht. Und dafür werde ich kämpfen.

Wie gesagt, es erschüttert mich, dass es Menschen in Deutschland gibt, die mich lieber heute als morgen aus diesem Land haben wollen, und zwar mit allen Mitteln. Damit meine ich nicht nur diejenigen, die vermeintlich mein Blut analysiert und festgestellt haben, dass es gar nicht deutsch sei. Dazu kann ich nur sagen: Blut hat keine Nationalität. Das findet man bei Bluttests nämlich auch heraus. Wer also mit Blut, Abstammung und DNS argumentiert, sollte sich vorab lieber richtig informieren. Ich habe das gemacht und festgestellt, dass wir am Ende des Tages alle Afrikaner sind. Was klingt wie ein amüsantes Bonmot, ist eine Tatsache, die sich Menschen mit Vorliebe für Unterkomplexes einmal zu Gemüte führen sollten. Die sogenannte Out-of-Africa-Theorie besagt nämlich, dass der Homo sapiens – also wir – seine Wanderung in Äthiopien begann, wo man die ältesten, etwa 160 000 Jahre alten Zeugnisse unserer Vorfahren gefunden hat. Äthiopien ist sozusagen unser aller Mutter. Von dort ist er bis nach Europa, Asien, Australien, Neuseeland und die Amerikas gewandert. Nach Mitteleuropa ist er übrigens nicht auf direktem Wege gekommen, sondern – ausgerechnet – über den heutigen Irak und das heutige Afghanistan. Dabei ist der Mensch im Grunde der Gleiche geblieben, nicht zuletzt, seit er entdeckt hat, was man alles mit einer Waffe anfangen kann. Warum würde man sonst permanent in allen Teilen der Welt aufeinander losgehen, sobald einem etwas nicht passt? Sich anschreien, schlagen, beschimpfen, treten, töten, Krieg führen – da schenken wir uns nichts, egal ob weiß oder schwarz, groß- oder kleingewachsen. Da sind wir alle gleich!

Was wir Menschen glücklicherweise neben Waffen auch entwickelt haben, sind kulturelle Mittel und zivilisatorische Umgangsformen, die die meisten von uns davon abhalten, bestimmte Grenzen zu überschreiten und die uns zugleich dazu anhalten Regeln zu respektieren, die ein Zusammenleben garantieren, bei dem man nicht ständig um seine Gesundheit fürchten muss.

Leider erodieren diese Regeln zurzeit. Nicht nur in den (a)sozialen Medien, auch auf der Straße werden Menschen vermehrt angepöbelt oder gar tätlich angegriffen. Eine besonders üble Eskalation gab es in Chemnitz im August 2018, als Rechtsextreme vor den Augen von Polizei und Öffentlichkeit regelrecht Jagd auf ausländisch aussehende Menschen machten. Es ist nicht übertrieben zu sagen, dass Chemnitz und die Folgen eine klare Zäsur darstellen. Zur Tagesordnung konnte und wollte hier kaum jemand zurückkehren. Chemnitz markierte einen Wendepunkt in einer Debatte, die sich an sich selbst erschöpft hatte. Immer mehr Menschen kamen nun vom Grübeln ins Handeln. Kaum jemand konnte es kaltlassen zu sehen, wie eine rechte Saat hier in größter Sichtbarkeit aufging und das Schlechteste in manchen Menschen in diesem Land hervorkehrte. Beim Anblick des Hitlergrußes, beim Hören der »Deutschland den Deutschen«-Rufe kam mir unweigerlich Heinrich Heine in den Sinn: »Denk ich an Deutschland in der Nacht, dann bin ich um den Schlaf gebracht.«[2]

Die vorausgehende erneute Messerattacke ist ohne Wenn und Aber zu verurteilen. Aber rechtfertigt sie eine Jagd auf Menschen? In Deutschland? Und eine sich anschließende »Debatte« um begriffliche Nuancen, die so unterschiedliche wie eindeutige Verbrechen auf den Nebenschauplatz der Wortklauberei verschiebt? Ist das sehr deutsch? Oder doch eher dumm? Wenn Emotionen hochkochen, stellt sich schnell Hilflosigkeit und Frustration ein. Und wenn man nicht gelernt hat, damit umzugehen, ist Ignorieren oder mindestens schnell wieder zur Tagesordnung überzugehen eine Art, dem zu begegnen. Gewalt ist oft der zweite naheliegende Ausweg. Gewalt wird zum Ventil. Ist man der Stärkere, hat man gewonnen. Verliert man, hat man es versucht und zumindest sein Gesicht gewahrt. Und jemanden eine zu verpassen stellt eindeutig klar: Man hat die Macht, man ist im Recht, man ist stärker und der Andere hat sich unterzuordnen. Menschen haben über Jahrtausende so ihre Rangordnung festgelegt. Nur haben sie mittlerweile bessere Wege und Regelungen gefunden und sich darauf geeinigt, sie auch anzuwenden – eigentlich.

Was mich beunruhigt, ist die ungeheure Energie, mit der dieser Hass, diese Beleidigungen, diese Anschuldigungen geradezu in die Öffentlichkeit geschleudert werden. Das ist eine hochemotionale Auseinandersetzung, die komplett ins Hysterische kippen kann, wenn irgendwann alle Seiten nur noch Öl ins Feuer gießen. Auch dafür hat Chemnitz ein bedrückendes Beispiel geliefert. Was mich ebenfalls erschreckt, ist, dass ich inzwischen darüber nachdenke, ob ich über meine Verunsicherung überhaupt öffentlich sprechen soll. Ich könnte mich doch einfach aus allem raushalten. Ich könnte mich in die Reihen der Ignorierer und Aussitzer begeben. Ich könnte, wenn es ganz schlimm wird, einfach auswandern. Das Leben ist aber kein Konjunktiv.

Und ein paar Dinge sind mächtiger als diese Ängste: Ich gönne denjenigen, die mich und andere aus dem Land schaffen wollen, nicht die geringste Genugtuung. Die Beleidigungen, Bedrohungen und Verwünschungen erzielen so manchen Wirkungstreffer, aber ich erlaube mir nicht, zu wanken, und gehe gegen die Angriffe, Unterstellungen und Verleumdungen an. Ich wehre mich. Nicht zuletzt, weil ich es kann. Weil mich meine öffentliche Bekanntheit nicht nur exponiert, sondern auch schützt. Und mir eine Stimme gibt, die gedemütigte Menschen in Chemnitz und anderswo so nicht haben. Mich wegzuducken käme für mich dem Eingeständnis gleich, machtlos zu sein oder mich gar nicht wehren zu wollen. Das wäre eine zu große Genugtuung für die Hater und fatal für all jene, die sich nicht lautstark gegen sie wehren können.

Ich will am Beispiel meiner selbst vielmehr etwas klarstellen. Denn natürlich bedeutet das Trommelfeuer gegen meine Person, dass auch mein Selbstverständnis als Bürgerin dieses Landes und mein bislang unerschütterliches Gefühl von Sicherheit auf einmal berührt ist. Das darf nicht passieren. Dies betrifft auch zahllose andere, die von vergleichbaren Angriffen betroffen sind. Deshalb sage ich wieder und wieder: Guckt nicht weg. Schaut hin! Schaut genau hin, was hier passiert! Nehmt es als das, was es ist. Es ist eine zerstörerische Bewegung, die Kraft und Wirkung hat.

Gehirnwäsche

Selbsternannte Heimatschützer kriechen in unsere Köpfe und fummeln dort an den Schaltern herum. Sie missbrauchen den wunderbaren Begriff »Heimat« als Chiffre für Ausgrenzung. Sie installieren neue Wahrheiten und verdrehen Begriffe. Sie erzeugen destruktive Emotionen und stacheln die einen gegen die anderen auf. Sie sind damit schon ziemlich weit gekommen, wenn selbst ich darüber nachdenke, was ich heute noch ohne Weiteres öffentlich sagen kann und was ich (schon) lieber nicht mehr ausspreche, um meine Familie und mich selbst zu schützen.

Wie kommt es, dass zutiefst menschliches Handeln wie die Aufnahme der Geflüchteten im Herbst 2015 bei so vielen inzwischen negativ abgespeichert ist? Warum wollen manche von uns nichts mehr davon wissen und nicht würdigen, dass Millionen Menschen in unserem Lande auch weiterhin im regelmäßigen Einsatz für die Geflüchteten sind? Warum lassen wir zu, dass eine Geste der Menschlichkeit als Anschlag auf unsere »Identität«, auf unsere »Heimat«, als »Schaden für unser Land« gewertet wird? Es kann doch nicht sein, dass ein Mensch, der sich für andere engagiert, die in Not sind, als »Gutmensch« verhöhnt und als Volltrottel hingestellt wird. Und dass der »Schlechtmensch« (den es dann ja auch geben müsste), der nichts tut, außer zu meckern und Angst zu erzeugen, immer größeren Zuspruch erfährt.

So stellt es sich derzeit viel zu häufig dar. Es sieht ganz so aus, als sei es einer kleinen, sehr lauten, sehr hartnäckigen Minderheit gelungen, die Definitionshoheit zu erlangen. Das führt dazu, dass denjenigen, die am lautesten das Versagen des Staates reklamieren, denjenigen, die auf den Straßen »Haut ab!« rufen, denjenigen, die offen gegen die Demokratie, die Medien und die Parteien demonstrieren und seriöse Politiker »Vaterlandsverräter« nennen, auf immer breiterer Ebene Verständnis entgegengebracht wird.

Nun soll jeder selbstverständlich in der Lage sein, seine Bedenken und Ängste zu äußern, ohne gleich beispielsweise in die Nazi-Ecke gestellt zu werden. Aber wer sich rassistisch äußert, ist – verdammt noch mal – ein Rassist. Dieser Satz, den ich so ähnlich bei meiner spontanen Dankesrede bei der Verleihung der Goldenen Kamera gesagt habe, steht. Er ist und bleibt wahr. Meinungsfreiheit ist ein hohes Gut, aber nun mal kein Alibi für menschenfeindliche Äußerungen, rassistische Beleidigungen, persönliche Verunglimpfungen und pure Lügen.

Ich habe den Eindruck, dass die sogenannten »Abgehängten« sich selbst eine Art Freibrief erteilt haben, weil man nicht genau weiß, wie man mit ihnen umgehen soll. Ihre Forderung auf Gehörtwerdenwollen ist nicht von der Hand zu weisen, zugleich will man sich nicht dem Vorwurf aussetzen, man würde ihnen nicht zuhören wollen, bloß weil man als Voraussetzung bestimmte Regeln des Anstands und damit auch Grenzen des Sagbaren einfordert. Das Dilemma ist, dass man zu den Brüllern eigentlich sagen müsste: »Lern erst einmal, dich richtig auf Deutsch auszudrücken, dann reden wir.« Denn auch das würde als Bestreben ausgelegt, jemanden »abhängen« zu wollen. Also ist man träge oder feige, lässt sie sagen, was sie wollen, und tröstet sich selber damit, dass es ja schließlich mal gesagt werden dürfe, selbst wenn man weiß, so nicht.

Wenn man als öffentliche Person, egal ob aus den Medien oder der Politik, Grenzen aufzeigt, wird gleich »Zensur« geschrien. Aber ist es nicht mein gutes Recht, zum Beispiel jemanden auf meiner Facebook-Seite zu blockieren, der meine Netiquette verletzt hat, also meine Regeln für einen ordentlichen Austausch? Diese Regeln sorgen nämlich dafür, dass meine Facebook-Seite ein guter Ort für Diskussionen bleibt. Natürlich würde ich mir wünschen, dass es anders ginge, denn jemanden zu blockieren ist ungefähr so, als würde ich mir Kopfhörer aufsetzen, wenn mir jemand in der Stadt brüllend nachläuft. Ich muss ihm dann zwar nicht mehr zuhören, er kann aber natürlich trotzdem weiter rauskrakeelen, was er als Meinung und ich als Beleidigung betrachte. Ich gehe diesen Schritt nur, wenn ein Austausch überhaupt nicht möglich ist. Es ist bedauerlich, dass man dazu genötigt wird, denn wo bleibt dann das einander Zuhören? Das

Reflektieren, Erwidern, Argumentieren, Herleiten – und ja, auch mal das sich selbst Korrigieren?

Wenn die Meinungsfreiheit so ausgelegt wird, dass es in Ordnung ist, Andersdenkende, Andersliebende, Anderslebende, Andersgläubige, Andersaussehende zu bedrohen und zu beschimpfen, sie verjagen und entsorgen zu wollen, dann gute Nacht. Wollen wir wirklich unsere zivilisatorischen Errungenschaften über Bord werfen, weil die nicht klar Denkenden von Linksaußen »Nie wieder Deutschland rufen« und die von ganz rechts »Unser Land, unser Boden, unser Blut«?

Ich bin absolut dagegen, dass wir Verständnis für diejenigen entwickeln, die erklärte Feinde der offenen Gesellschaft sind. Das sind schließlich keine pubertierenden Teenager, die nur provozieren wollen und irgendwann schon zur Vernunft kommen werden. Nein, das sind erwachsene, geschäftsfähige und wahlberechtigte Leute, die so laut schreien, dass sie selbst gar nicht mehr zuhören können und das wahrscheinlich auch gar nicht wollen. Es sind Leute, die unser Grundgesetz bewusst nicht achten. Wir können nicht die radikalen Störer und gewalttätigen Verweigerer damit entschuldigen, dass es sich angeblich um »Abgehängte« handelt, und dann auch noch versuchen, sie mit gutem Zureden und finanziellen Zuwendungen wieder auf den richtigen Weg zu bringen. Das ist erstens unfair den wirklich »Abgehängten« gegenüber, und zweitens funktioniert es nicht.

Die Gruppen, die ihre menschenverachtenden Minderheitenmeinungen in Mehrheitsmeinungen verwandeln, gehen dabei geschickt vor. Die Studie *Hass auf Knopfdruck*, die vom Londoner Institut for Strategic Dialogue in Kooperation mit der Initiative ichbinhier e.V. herausgegeben wurde, zeigt das Ausmaß rechtsextremer Hasskampagnen in Deutschland nach Einführung des Netzwerkdurchsetzungsgesetzes

(NetzDG) in den sozialen Netzwerken.[3] Vorangetrieben wurden diese Kampagnen von einer kleinen, aber sehr aktiven Gruppe. Dabei nutzen Rechtsextreme gezielt unmoderierte Kommentarspalten reichweitenstarker Medien, um ihre oft verfassungsfeindlichen Narrative in die Mitte der Gesellschaft zu tragen. Die Studie basiert auf Analysen von mehr als 1,6 Millionen rechtsextremen Beiträgen auf Facebook zwischen Februar 2017 und Februar 2018. In einer Pressemitteilung schreiben die Autoren der Studie: »Ziel ist es, mit Hasskampagnen eine scheinbare Mehrheitsmeinung in den Kommentarspalten zu erzeugen bzw. Deutungshoheit über gesellschaftliche Diskurse zu übernehmen. Zu den taktischen Mitteln [der sehr gut organisierten Troll-Armee] gehören das Erstellen zahlreicher Fake-Profile, die zeitgleich für Kampagnen und Shitstorms gegen einzelne Politiker*innen und Institutionen eingesetzt werden, das koordinierte Kapern von Hashtags und das Fluten von Kommentarspalten reichweitenstarker Medien mit Hasskommentaren.«[4]

Die Studie verdeutlicht den gefährlichen Schlagschatten dieser Scheinriesen: Bestimmte Narrative werden tausendfach geteilt, gelikt und wiederholt und damit durch die Algorithmen der sozialen Netzwerke hochgepusht. So entsteht der Eindruck, bestimmte Themen oder Stimmungen seien wahnsinnig relevant. Auf diese Weise finden Hasskampagnen ihren Weg in die Berichterstattung reichweitenstarker Medien, vor allem auch über die Kommentarspalten, und dies nicht nur bei Facebook.

Der Auftrieb, den diese Hasskampagnen erleben, ist auch eine Folge der Art und Weise der immer ausschließlicheren Informationsbeschaffung im Internet. Dort blühen die Verschwörungstheorien, dort werden Fakten manipuliert und Wahrheiten umgedeutet. Wer heute seine Botschaften loswerden will, und seien sie noch so abwegig, braucht die etablierten Medien gar nicht mehr beziehungsweise nur noch als Forum für ihre eigenen Kommentare (was etwa die Deutsche Welle schließlich mit dazu bewogen hat, ihre Kommentarfunktion zu schließen).[5]

In Zeiten, in denen jede politische Bewegung ihre Parolen in den sozialen Netzwerken platzieren kann, braucht niemand mehr etwa das ZDF, um eine Haltung zur AfD zu entwickeln. Im Gegenteil. Daher kann es auch niemanden verwundern, dass die pauschalsten Kritiker von ARD und ZDF bei den Rechtspopulisten zu finden sind, die uns gerne abschaffen möchten und schon einmal großspurig angekündigt haben, eine eigene Nachrichtenagentur ins Rennen zu schicken.

Ich würde nicht so weit gehen, von einem Informationskrieg zu sprechen. Aber die AfD nutzt mittlerweile alle Kanäle im Internet, um ihre Botschaften gut sicht- und hörbar zu platzieren. Und sie ist sehr erfolgreich damit. In Anbetracht dieses geschlossenen Kosmos bekommt das Wort Parallelgesellschaft noch mal eine ganz eigene Bedeutung.

Dummerweise ist die offene, liberale Gesellschaft gerade kein Exportschlager. Polen, Ungarn, Tschechien, Österreich, England und Wales in Großbritannien, Russland oder die Türkei machen es vor. Da werden freiheitliche Rechte geschleift oder Grenzen zunehmend geschlossen. Manche Staaten wollen gerne »die anderen« draußen halten und zugleich das Anderssein innerhalb ihrer Grenzen bekämpfen. Was Heimat sein darf und wer dazugehört, wird offiziell festgelegt und als Doktrin gelebt.

Und das alles geschieht im Anschluss an und durch demokratische Abstimmungen. Die Bürger der meisten dieser Länder haben sich neben dem Nationalismus in gewisser Weise auch für einen Fundamentalismus entschieden, der die Ausgrenzung missliebiger Personen zur Folge hat. In der

Türkei haben die Wahlberechtigten mehrheitlich für die Abschaffung ihrer eigenen Rechte gestimmt und Erdoğan als autokratischen Herrscher installiert; in Ungarn, Polen und Russland war es nicht anders.

Natürlich können wir uns jetzt nicht hinstellen und von Deutschland aus mit dem Finger auf diese Länder und ihre Bürger zeigen, die scheinbar zu unmündig sind, um richtig wählen zu können. Gleichzeitig können wir das, was meines Erachtens gravierende politische Fehlentwicklungen sind, nicht allein mit deren demokratischem Entstehungsprozess herunterspielen. Von wegen gewählt ist gewählt. In den USA haben sich die Wählerinnen und Wähler für Donald Trump entschieden, für einen Antidiplomaten, der knallhart seine Klientelpolitik durchsetzt und Teile der Welt als »Shithole Countries« bezeichnet, als »Drecksloch-Länder«. Demokratisch gewählt ist auch er. Demokratisch abwählbar allerdings auch – wenn der Widerstand sich stark, schlau und werteorientiert aufbaut. Und beharrlich bleibt.

Ja, Demokratie ist eine immer seltener vorkommende und sehr pflegeintensive Pflanze. Das war noch nie anders, aber heute fällt es umso schmerzhafter auf, gab es doch zwischenzeitlich immer wieder Versuche, autokratische Verhältnisse aufzubrechen und zu demokratischen Verhältnissen zu kommen, denkt man zum Beispiel an den Arabischen Frühling zurück oder, noch weiter, an das Ende des Ostblocks.

Pöbeln ist in – nicht nur im Netz

Das Internet war übrigens auch einmal ein Sehnsuchtsort. Das galt nicht zuletzt für das Zustandekommen des Arabischen Frühlings. Denn das Internet war auch die eingelöste Verheißung einer neuen großen Bühne. Dort konnte man sich und seine Werte und Überzeugungen präsentieren und gemeinsames Handeln auf den Weg bringen. Man kann dort (auch weiterhin) wunderbar unterwegs sein, um seine Ansichten mitzuteilen, seine Gedanken, seine Erlebnisse. Und das sogar anonym, wenn man will. Man kann jemand total anderes sein als im echten Leben. Twitter, Facebook, Instagram, Snapchat, YouTube – sie sind alle für einen da, man kann sich einbringen, wie man lustig ist. Das Internet ermöglicht einen Diskurs im Kleinen wie im Großen, unter Bekannten oder mit Unbekannten. Selbst um Gutes zu tun, muss man keinen großen Aufwand mehr betreiben. Liken, eine Petition unterschreiben – fertig! Bequemer macht einen das Netz also durchaus auch.

Das Problem: Das Netz setzt keine Grenzen, und das hat dazu geführt, dass der Ton rüder geworden ist, ausfallender – und leider auch intoleranter. Bei den Diskussionen in den sozialen Medien vermisse ich allzu oft das Zuhörenwollen, vom Verstehenwollen mal ganz zu schweigen. Will vielleicht jemand die Entstehungsgeschichte einer Meinung erfahren? Meistens Fehlanzeige. In den Kommentarspalten tauchen dafür unglaublich belanglose und dennoch massiv vertretene Haarspaltereien auf, die Texte und deren Verfasser nicht selten zu denunzieren versuchen. Das Netz selbst hat ja einen Namen für diese Internetnutzer gefunden – Trolle –, aber alle, bei denen ich die Hände über dem Kopf zusammenschlage, als Trolle zu bezeichnen, führt auch zu nichts.

Andererseits frage ich mich, wie ernst diese Menschen tatsächlich zu nehmen sind, wenn sie nicht nur Haare sondern unsere Gesellschaft spalten wollen? Ich befürchte, sehr ernst. Es ist ja, insbesondere bei den Rechtspopulisten schon zu einer Art Industrie geworden, die Kommentarspalten auf Facebook und auf den Webseiten von Zeitungen und Zeitschriften mit eindeutigen Meinungen anzufüllen. Die Offenheit des Internets, die Idee, dass die Menschen sich besser, schneller und effizienter austauschen können, wird von denen konterkariert, die es dazu benutzen, Hass, Zwietracht und Neid unter dem Deckmantel der Meinungsfreiheit zu säen und dabei auch vor willentlichen Falschbehauptungen nicht zurückschrecken. *Das* sind die wahren »Fake News«, nicht die, die seriös arbeitenden Journalisten so oft vorgeworfen werden.

Auch deshalb gehe ich auf so viele Kommentare auf meiner Facebookseite ein wie möglich und stelle mich so manchem Shitstorm, wenn es der demokratischen Öffentlichkeit und dem Meinungsaustausch dient. Es reicht nämlich nicht, nur eine große Klappe zu riskieren, nein, man muss aktiv argumentieren und dabei auch immer wieder dafür werben, Augen und Hirn offenzuhalten.

Ich werde allerdings nicht müde zu betonen, dass wir uns nicht in Selbstgefälligkeit und allein zu Gleichgesinnten zurückziehen dürfen. Egal ob im Netz oder auf der Straße: Respekt gilt erst einmal für alle. Abgesehen von einigen Hardcore-Rassisten verdient auch jeder, der etwa bei Pegida mitläuft, zunächst ein Mindestmaß an objektiver Aufmerksamkeit für sein Anliegen, so er eines hat. Bevor ich antworte, muss ich allerdings abwägen, ob es sich »lohnt«, in den Clinch zu gehen, oder nicht. Denn es gibt durchaus Äußerungen, die mehr Gewicht erlangen, als sie es verdienen, wenn ich darauf eingehe, und eine Aufwertung durch Antworten ist nicht immer zielführend. Deshalb muss ich manches eben doch schlicht ignorieren – was mir oft nicht ganz leichtfällt und was ich erst lernen musste.

Kein Diskurs ohne Regeln. Wer einen Diskurs führen möchte, sollte immer versuchen, offen ins Gespräch zu gehen. Das ist Schritt eins. Wenn schon alle Meinungen und

Fakten festgezurrt sind, wo bleibt dann Raum für Neues? Schritt zwei im Dialog muss der Versuch sein, erst einmal zuzuhören, dabei an der einen oder anderen Stelle nachzufragen und sich zu überlegen: »In welcher Lebenssituation steckt mein Gegenüber? Wo kommt er her? Was hat er erlebt? Warum denkt er so? Warum will er das?«

»Warum«-Fragen sind besonders anstrengend, klar. Meiner Familie bin ich damit regelmäßig auf die Nerven gegangen. Aber diese Fragen führen zum Perspektivwechsel. Vielleicht gelingt der mir ab und an auch noch besser, weil ich noch einen weiteren Satz gern verwende, bei dem meine Schwester immer mit den Augen rollt: »Stell dir mal vor ...« oder »Was wäre, wenn ...?« Sprich, ich versuche mir oft, Szenarien vorzustellen, aber auch, den anderen in so ein Szenario gedanklich hineinzubugsieren in der Hoffnung, dass auch ihm das neue Blickpunkte und Sichtweisen eröffnet.

Das alles hilft mir. Und ich wünsche mir, dass sich diese Methode möglichst viele Menschen zu eigen machen, im privaten wie im öffentlichen Miteinander. Es erzeugt einen Mehrwert im Dialog und darüber auch im Handeln. Ja, es ist häufig ressourcenbindend, schmerzlich, frustrierend und zeitintensiv, wenn die Gesprächspartner von sehr verschiedenen Positionen starten, vor allen Dingen aber, wenn das alles nur einseitig passiert und der andere sich so gar nicht darauf einlassen möchte. Wenn dein Gegenüber einfach die Ohren zuhält und weiterbrüllt, von einem »Argument« zum anderen hüpft, Unterstellungen und Beleidigungen im Sekundentakt ablässt. Ich bin keine Masochistin, deshalb ist dann auch bei mir irgendwann Schluss. Aber selbst missratene Kommunikationsversuche führen zur Selbstreflexion, wenn man nicht selbst in die Falle tappt, reflexartig alles abzuwehren, was einem entgegenkommt.

Mir schreiben manchmal Menschen, dass sie meine Arbeit schätzen, aber ganz anderer Meinung seien. Man sieht daran – und das möchte ich an dieser Stelle ausdrücklich betonen –, es gibt nicht nur Hassmails, sondern auch Zuspruch und Anregungen, was mich sehr freut. Mein erster Gedanke ist dann immer: »Ja, und? Wo ist das Problem?« Ich will doch gar nicht, dass alle meiner Meinung sind. Mir geht es um den Austausch. Ich bin neugierig. Ich finde andere Perspektiven, so lange sie nicht rassistisch, fremdenfeindlich, homophob, antisemitisch, islamophob oder ähnliches sind, spannend. Und selbst, wenn doch eines dieser Adjektive auf sie zutrifft, interessiert mich oft, wie sie zustande kommen konnten.

Grundsätzlich geht es mir bei der Auseinandersetzung mit der Gegenseite – zum Beispiel dann, wenn es ums Abgehängtsein geht oder um extremistische Ansichten – erst einmal wie beim »Monster unter dem Bett«. Wie das geht mit dem Monster unterm Bett, hat der Autor und Moderator Micky Beisenherz einmal so erzählt: Ein kleines Kind liegt im Bett und hat Angst, weil es denkt, ein Monster liege unterm Bett. Die Eltern reden mit dem Kind und nehmen es ernst, auch wenn sie deswegen nicht an das Monster glauben. So in etwa kann man meine Strategie beschreiben. Schließlich geht es mir auch darum, etwas über das Denken anderer Menschen zu erfahren. Ihre Meinung muss ich ja nicht übernehmen, wenn ich ihnen zuhöre und herauszufinden versuche, warum sie wie ticken (manchmal hilft die Auseinandersetzung wenigstens dabei, meine eigenen Ansichten zu festigen). Nur hat das natürlich Grenzen, wenn ein bestimmter Punkt überschritten ist. Wer zum Beispiel den Holocaust leugnet, auf Menschen an der Grenze schießen oder Menschen im Mittelmeer ertrinken lassen will und dabei auch noch Freude empfindet, der hat bei mir ausgemonstert.

Was ich aber auch immer wieder mache, ist, den Verfassern von Hassmails anzubieten, doch mal zu telefonieren. Das ist häufig effizienter und persönlicher. Manchmal führt es für beide Seiten zu erstaunlichen Erkenntnissen. Viele sind überrascht, dass ich tatsächlich anrufe. Und dann höre ich einfach zu. Frage nach. Wieso sie meine Sendungen nicht gut finden, wenn sie die gar nicht sehen. Wie sie darauf kommen, dass ich alle Kritiker als Nazis hinstelle. Wieso sie meinen, dass ich alle Flüchtlinge der Welt aufnehmen will. Oder wie sie darauf kommen, dass ich von der Regierung gesteuert würde. Und wie ich dann gleichzeitig linksgrün sein könne. Warum sie glauben, dass ich mich nur für Flüchtlinge interessiere. Und dergleichen mehr.

Fast immer lösen sich die Behauptungen, Wahrnehmungen und Unterstellungen dann in Luft auf, wenn das Überschriften-Wissen mit Inhalten gefüllt oder konfrontiert wird. Zudem fördern Sprache, Tonfall und selbst Mimik, was sich alles übers Telefon transportieren lässt, aber bei E-Mails auf der Strecke bleibt, das gegenseitige Verständnis. Wenn wir uns auf Augenhöhe eingependelt haben, geht es im Gespräch nicht mehr um mich, sondern um den anderen. Oder schlicht um die Sache! (Das ist mir ohnehin lieber, denn wenn man als Journalistin selbst zur Nachricht wird, ist das eher befremdlich.)

Auf andere in solchen Gesprächen einzugehen, sich immer wieder zu erklären, Zusammenhänge darzustellen, all das gleicht einer Sisyphusarbeit. Es ist auch nie von vornherein eindeutig, was das Ziel ist. Will ich jemanden davon überzeugen, auf meine Seite zu kommen? Will ich für Verständnis werben? Will ich verstehen? Oder geht es lediglich darum, dass das Gegenüber versteht, was meine Position ist und dass diese eine Berechtigung hat, so wie seine gegebenenfalls ja auch? Das ergibt sich oft erst im Gespräch.

In Deutschland diskutieren wir selten ergebnisoffen. »Was wäre wenn ...?«-Gespräche sind kaum möglich, weil fast jeder mit einer vorgefertigten Meinung in eine Diskussion geht. Diese Meinungen werden nicht als Gedanken oder Fragen formuliert, sondern als abgeschlossene, unverrückbare Erkenntnisse. »Ich glaube« oder »Ich denke« hört man kaum noch. Dafür aber umso öfter »Es ist doch so, dass ...« oder »Wir wissen alle, dass ...« Tatsachenaussagen dominieren den Diskurs. Hinzu kommt, dass viele Menschen diese einfachen Aussagen gerne glauben, da sie von den komplexen Zusammenhängen überfordert sind, die mit so gut wie allen Themen einhergehen. Natürlich kann man nicht alle Aspekte kennen, über alle Entwicklungen auf dem Laufenden sein. Genau dieses Halbwissens muss man sich aber bewusst sein und gerade deswegen offen sein für zusätzliche Informationen und neue Bewertungen. Sonst redet man aneinander vorbei, hört nur das, was man hören will, und verbreitet im schlimmsten Fall gefährliche Unwahrheiten.

Ja, das Zuhören und Diskutieren ist anstrengend und frisst Zeit, und ich kann mir viele schönere Dinge vorstellen, die ich in dieser Zeit tun könnte. Aber ich habe Überzeugungen, die ich verteidige, und sei es auf diese harte, mindestens mühsame Tour. Weil sie es mir wert sind. Für den Augenblick und für einen selbst mag es immer einfacher sein, zu schweigen, sich umzudrehen und zu gehen. Für die Gesellschaft im Allgemeinen ist es fatal. Denn dadurch reißen Gewohnheiten ein, die man kaum, im Grunde genommen sogar nie wieder loswird.

Weiter gefasst ist es auch ein Problem des Rechtssystems, wenn es beispielsweise zulässt, dass rechtsfreie Räume entstehen, in denen sich die organisierte Kriminalität oder einfach nur asoziales egoistisches Verhalten festsetzt. Am Ende gewinnt oft der Verbalrüpel, der Pöbler, und derjenige, der sich nicht oder nur halbherzig zur Wehr setzt, verliert. Kommt einem das nicht irgendwie bekannt vor, wenn man sich heute umschaut bis hinein in parlamentarische Parteien und höchste politische Ämter?

Es ist für den Pöbler zu praktisch, wenn man jemanden hat, der nicht weiß, wie er sich wehren soll, vielleicht auch, weil er dazu zu schwach ist. Oder weil er immer noch damit beschäftigt ist, sich zu erklären, zu verstehen, zu argumentieren, während der andere schon drei Schritte weiter ist. Den Triumph will ich den Pöblern nicht geben. Nicht im Rahmen des direkten Dialogs, den ich mit ihnen suche. Und nicht im Rahmen einer Übernahme ihrer Begriffe und deren Deutung oder gar Beschönigung.

»Überfremdung« – eine künstlich erzeugte Aufregung

Es ist ein »Erfolg« der neuen Rechten, dass wir seit geraumer Zeit in der deutschen Öffentlichkeit ideologisch gefärbt über »Heimat«, »Identität« und »Leitkultur« sprechen. Es ist ihnen gelungen, ihre Kernbegriffe und Kernthemen ins Zentrum der öffentlichen Debatten zu tragen, schlicht indem sie sie ständig und vielerorts verbreitet und wiederholt haben. Das ist schon bemerkenswert, denn die Sorgen und Nöte der Bevölkerung liegen eigentlich woanders, zumindest die essentiellen. In großen Städten fehlt es dramatisch an Wohnungen und die mancherorts veraltete Verkehrsinfrastruktur nervt die Leute ebenso wie eine Bürokratie, die einem das Gefühl gibt, mit seinen Sorgen, Nöten und Wünschen nicht durchzukommen. Dramatisch sind der Pflegenotstand, die (berechtigte) Angst vor Altersarmut, die unausgegorene Gesundheitspolitik, der schleppende Digitalausbau, der Verbraucherschutz und natürlich die Mängel in unserem Bildungssystem.

Das sind alles wirklich relevante Themen. Natürlich sind alle diesbezüglichen Einlassungen individuell geprägt. Es gibt Menschen, die bekommen von bestimmten Dingen überhaupt nichts mit, sei es, weil sie keine Kinder haben oder extrem flexibel sind und ohne Probleme kurzfristig einen Termin im Bürgeramt am anderen Ende der Stadt wahrnehmen können. Wer viel mit dem Auto fährt, beschwert sich fast pausenlos über kaputte Straßen und zugleich natürlich über die vielen Baustellen, weil die Straßen, die sie mit ihren Autos kaputtfahren, repariert werden müssen. Radfahrer hingegen regen sich über fehlende oder durch parkende Autos blockierte Radwege, gefährliche Verkehrsführungen und die Touristenradler auf, die sie ausbremsen. Nutzer öffentlicher Verkehrsmittel können ebenfalls ihre Geschichten erzählen, von ausfallenden Zügen und klapprigen Bussen zum Beispiel. Und Eltern erst recht, einschließlich jener, die ihre Kinder von der Schule nehmen, weil in der Klasse aufgrund einiger Störer kaum Unterricht möglich ist, das Gebäude marode oder die ethnische Zusammensetzung der Schüler nicht genehm ist. Jeder Mikrokosmos hat also seine eigenen Probleme.

Umso praktischer ist es für den Pöbler, wenn er jemanden hat, auf dem er seinen ganzen Frust abladen, den man im wahrsten Sinne des Wortes zum Sündenbock machen kann. Der Sündenbock ist eine superpraktische Einrichtung, auch wenn jene, die sich seiner so tatkräftig bedienen, seine ursprüngliche Bedeutung kaum kennen: An Jom Kippur, dem Tag der Sündenvergebung (einem der höchsten jüdischen Feiertage), nimmt man einen Ziegenbock, packt all seine Sünden, wozu Unzufriedenheit, Neid, Wut, Gewaltausbrüche und ähnliches gehören, auf das arme Tier und schickt es mit dem gesamten Mist, der einen belastet und den man loswerden möchte, auf Nimmerwiedersehen in die Wüste.

Geht es etwa um Geld, gekränkte Ehre, Niederlagen und das Gefühl, es würde einem etwas weggenommen, sind Neid und Hass und damit das Suchen und Finden eines Sündenbocks, dem man die Verantwortung für all das zuschieben kann, nicht weit. Anstatt Lösungen zu finden, geht es darum, Schuldige auszumachen. Dann macht man sich daran, diese zu bestrafen oder gar zu eliminieren, und die Welt, so hofft man, ist wieder rosig. Im NS-Regime hat man dieses Prinzip aufs Perfideste perfektioniert, heute zählen etwa Donald Trump (mit seinem »Make America Great Again«) und Erdoğan (mit seinem Versuch, äußere Mächte für den Absturz der türkischen Wirtschaft verantwortlich zu machen) zu den Hauptprotagonisten der Sündenbock-Politik, ebenso wie die Brexit-Verfechter in Großbritannien.

Das Sündenbock-Phänomen ist nun seit geraumer Zeit auch bei uns zu beobachten. Die Rechten instrumentalisieren Geflüchtete, um sie als Gefahr für die Heimat aufzubauen. Damit schaffen sie eine Wagenburgmentalität, die ihnen wiederum dabei hilft, ihre Agenden auf die Tagesordnung zu setzen und durchzudrücken. Teile des etablierten, konservativen Politikspektrums – und längst nicht mehr nur diese – springen nur allzu gerne auf die Debatte um Geflüchtete und das Asylrecht auf, einerseits, weil das Thema populär ist und als Baustein ihrer Machterhaltstrategie genutzt werden kann, andererseits, um zu kaschieren, dass sie nicht in der Lage sind, einen echten, umfassenden Masterplan für die Zukunft zu entwerfen.

Die Anwendung der Sündenbock-Strategie wird besonders deutlich an der von AfD-Vertretern postulierten besonderen Gefährdung der »deutschen Frau« durch die sexuellen

Gelüste junger Männer aus dem arabischen Raum, vor allem seit den sogenannten »Ereignissen von Köln«. Gemeint sind die tatsächlich zahlreich erfolgten sexuellen Übergriffe auf der Domplatte in der Silvesternacht 2015. Diese in ihrer Dramatik und Abartigkeit unstrittigen Straftaten wurden gleichwohl instrumentalisiert, indem die besondere Gefährdung und das gehobene Schutzbedürfnis der Frauen nunmehr als Vorwand zur Verbreitung von Vorurteilen dienten. Frauen im Speziellen standen zuvor nämlich nicht so weit oben auf der Agenda der AfD, wenn es etwa um Gleichstellung, Quoten oder den Gender Pay Gap ging. Erst als tatsächliches oder potentielles Opfer »lüsterner« Flüchtlinge wurden sie parteipolitisch relevant. Das setzte sich fort, durch vereinzelte, aber eben auch schreckliche Verbrechen, etwa die Vergewaltigung und Ermordung einer Studentin durch einen arabischen Flüchtling; diese taten ein Übriges, um Männer aus dem arabischen Raum unter den Generalverdacht der Vergewaltiger und Frauenschänder zu stellen.

Ja, es hat diese Taten gegeben, und ich wäre die Letzte, die sie nicht als grauenhaft bezeichnen würde, weil sie es schlichtweg sind. Aber ich bleibe dabei: Wir müssen Augenmaß bewahren. Eine von vielen Erkenntnissen, die die #metoo-Bewegung in unser Bewusstsein gespült hat, ist, dass Frauen hierzulande, wie fast überall auf der Welt, Gegenstand wie Opfer männlichen Macht- und Machtstrebens sind. Sie sind von Gewaltakten jedweder Art und Schwere betroffen, die eben genau nicht nur von einer bestimmten Gruppe männlicher Täter ausgeht; diese Gewalttaten treten überall dort auf, wo Männer glauben, ihre Defizite kompensieren zu müssen, indem sie sich an vermeintlich Schwächeren ausagieren. Anstatt sich diesem strukturellen Dilemma zu stellen, geschweige denn es überhaupt wahrzunehmen, wird das Problem einmal mehr mit dem Feindbild Islam, mit

Geflüchteten und vor allem dem »arabisch-afrikanischen Mann« verknüpft. Ein Kurzschluss, der angesichts der realen Vorkommnisse vielleicht erst einmal erschreckend plausibel wirkt, der gleichwohl die Komplexität weiblicher Unterdrückung in nahezu allen Kulturen dieser Welt ausblendet, inklusive unserer eigenen.

Natürlich vergrößern simple Erklärungen nur die schon vorhandenen Probleme und Risse in einer Gesellschaft, anstatt Lösungen zu bieten – das gilt beim Thema Frauen genauso wie beim Thema Geflüchtete oder jedem anderen Thema. Während die einen fest an einfache Formeln glauben, weil sie mit aller Macht endlich eine Wende in ihrem Sinne erzwingen wollen, verzweifeln die anderen, weil sie befürchten, alle seit Ende des Zweiten Weltkriegs erreichten gesellschaftlichen Errungenschaften würden nun in die Tonne getreten: zum Beispiel Freizügigkeit, Pressefreiheit, Selbstbestimmung der Frau, Paragraph 218, Schwulen-, Lesben- und Transgenderrechte, Lehrmittelfreiheit oder natürlich auch die bisher erreichte Integration von und Toleranz gegenüber Migranten.

Ein iranischstämmiger Taxifahrer, der in Deutschland geboren wurde und seit vielen Jahren die Leute zuverlässig durch Berlin kutschiert, erzählte mir kürzlich bedrückt, er erwäge ernsthaft, in den Iran zu ziehen. Dort sei natürlich vieles schlechter als hier, aber in Deutschland habe er seit Neuestem das Gefühl, er könne hier machen, tun und leisten, was er wolle, er würde vermutlich nie das Gefühl vermittelt bekommen, hier dazuzugehören und gewollt zu sein.

Das kann einen traurig stimmen. Vor allem, wenn man das Gefühl hat, dass das Attribut »fremd« in Verbindung mit »nicht hierher gehörend« offenbar sehr selektiv angewendet wird, was die Nationalitäten angeht. Die Kehrseite sieht nämlich so aus: In einem Café stand eine alte Dame vor mir, die sich einen einfachen schwarzen Kaffee bestellen wollte. Der Hipster hinter dem Tresen sprach nur Englisch, die Frau nur Deutsch. Daraufhin wurde er unfreundlich.

Ich habe mir das ein paar Sekunden angeguckt, dann hat mich die Wut gepackt. Und zwar aus gleich zwei Gründen. Was bildet sich der Typ eigentlich ein. »Das hier ist Deutschland, hier wird in der Regel deutsch gesprochen« schoss es aus mir raus. Und wenn er der Sprache schon nicht mächtig sei, dann könne er wenigstens freundlich zu der sichtlich irritierten Kundin sein, ergänzte ich noch. Was mich in diesem Moment aber auch wütend machte, war die Tatsache, dass wir von jedem Flüchtling, jedem Asylsuchenden (zu Recht) verlangen, dass er alsbald unsere Sprache lernt, dass wir jedoch bei Zugewanderten, die aus eher »abendländischen« Staaten zu uns kommen, also etwa aus England, den USA oder Spanien, solch strenge Maßstäbe offensichtlich nicht anlegen. Oder sogar äußerst erfreut die Gelegenheit nutzen, unser auf dem Gymnasium oder beim Streamen cooler US-Serien erworbenes Englisch zur Schau zu stellen. Die Liebe zu Fremdsprachen in allen Ehren, aber vielleicht lernen wir erst einmal, uns einen Begriff davon zu machen, wo wir mit bestimmten Begriffen und deren Verwendung gelandet sind.

Politiker als Brandbeschleuniger

Ausgerechnet parallel zur »Özil-Debatte« nach der Fußball-WM 2018 in Russland um ein Foto, das ihn mit dem türkischen Präsidenten zeigte, und verschiedenen rassistischen Angriffen im Anschluss gab es den von der CSU und Horst Seehofer vom Zaun gebrochenen Streit darüber, wie man in

Zukunft mit den Flüchtlingen an den deutschen Grenzen umzugehen gedenke. Die in diesem Rahmen stattfindende Scheindiskussion, ob es nun »Transferzentrum« oder »Transitzentrum« für Geflüchtete heißen soll, hat nur dazu geführt, dass sich alle einigermaßen rational denkenden Menschen an den Kopf gefasst haben. Wie wenige Wochen später in Chemnitz arbeitete man sich auch hier an dem Was und Warum des Geschehenen ab.

Das Theater, das während des sogenannten »Asyl-Streits« im Sommer 2018 aufgeführt wurde und bei dem (nicht zum ersten Mal) Begriffe fielen wie »(Asyl-)Missbrauch«, »Islamisierung«, »(Asyl-)Tourismus«, »Asyl-Gehalt«, »Passdeutsche« und »Antiabschiebeindustrie«, war politischer Führungskräfte unwürdig.

Gebracht hat der »Asylkompromiss«, auf den man sich innerhalb der Union am Ende einigte, nicht gerade viel. Er besagt, dass an der deutsch-österreichischen Grenze – nur um die ging es hier – Asylbewerber, für deren Asylverfahren andere EU-Länder zuständig sind, an der Einreise gehindert werden sollen. Sie werden in Transitzentren überführt, aus denen die Asylbewerber direkt in die zuständigen Länder zurückgewiesen werden.[6] Dieses Verfahren wird seit Langem schon an Flughäfen angewandt. 2018 wurden bis Mitte Juni 18 349 Asylsuchende in Deutschland aufgenommen, die bereits in der europäischen Fingerabdruckdatei Eurodac erfasst waren, was bedeutet, dass sie bereits woanders registriert wurden.[7] Das sind nicht sonderlich viele. Aber der CSU ging es mit ihrem »Masterplan« ja auch gar nicht um die Sache. Sondern darum, im Gegensatz zur Kanzlerin Handlungsstärke zu zeigen und in Bayern Wahlkampf zu führen.

Klar, mag man hier sagen, das ist eben Politik. Aber ist es das wirklich? Ist Politik vollständig von der PR-Gesellschaft aufgesogen worden, in der das Recht der besten Verkäufer gilt? Oder war da noch was – die Sache eben, um die es sich zu streiten lohnt?

Demokratie lebt von Streit. Aber gleichzeitig von Einigung und Kompromissen. Je nachdem, wie der Diskurs geführt und das Ringen nach Lösungen praktiziert wird, offenbart sich aber auch ein Dilemma der PR-Gesellschaft: Ist sich die Große Koalition zu einig, jammern die Bürger, weil alles ein Einheitsbrei sei. Streiten sich die Koalitionäre, ist dies auch wieder falsch, weil sich Streit irgendwie nicht gut anfühlt. Das Problem ist wohl, dass politischer Streit heute oft nicht produktiv wirkt. Es geht zu offensichtlich nicht um die Sache und es kommt einfach zu wenig dabei rum. Wie beim Asylstreit zwischen CSU und CDU. Es geht zu oft um Macht, Posten und die Frage, wer die »dicksten Eier« hat. Das nervt.

Dieses Hickhack und die willentliche Selbstbeschädigung der führenden Politiker freut die Rechtspopulisten natürlich immens, stützt es doch ihre Kampagnen, die sich ja nicht nur gegen eine »Überfremdung« der Heimat richten, sondern auch gegen die angeblich unfähigen politischen Eliten Deutschlands und Europas. Dabei haben sie selbst, wie gesagt, nur ein zentrales Thema: Es gibt nichts Wichtigeres für sie als die Flüchtlingskrise. Viele Menschen und nicht wenige Medien folgen ihren Parolen, fallen auf sie herein. Gleichzeitig blockieren die Rechtspopulisten in Ungarn, Polen, Tschechien, Österreich, Bayern und Italien aktiv Lösungen, verhalten sich unsolidarisch, verraten damit den Geist Europas und sogar das Christentum, auf das sie sich so gerne berufen, denn mit Nächstenliebe hat es nicht viel zu tun, wenn man über hilfesuchende Menschen spricht wie über Sondermüll.

Wenn man den Politikern der sogenannten etablierten

Parteien keine Gesetzesverstöße nachweisen kann, so kann man ihnen doch einige Fehler vorwerfen, mit denen sie zu dieser Entwicklung beigetragen haben. Ein paar habe ich schon genannt, ganz vorne aber steht ein fataler Hang, der sich bei Politikern und den ihnen unterstellten Verwaltungen oft beobachten lässt: Vorzeichen einfach zu ignorieren und zu hoffen, dass etwas irgendwie von alleine vorbeigeht. Das Versäumnis, die Verschärfung der Asylpolitik aus Gründen der Gesichtswahrung nicht frühzeitig proaktiv für sich zu reklamieren, war nicht nur für Stefan Braun von der *Süddeutschen Zeitung* der wohl schwerste Fehler, den Angela Merkel und Horst Seehofer begangen haben.[9] Die Taktik, die dahintersteht, folgt dem immer gleichen Muster: Bloß nicht rechtzeitig unangenehme Wahrheiten in die Welt setzen, denn das würde auf einen zurückfallen.

An dieser Stelle sollten auch wir uns als Bürger dieses Landes kurz hinterfragen. Wollen wir die Wahrheit denn wirklich gerne hören? Sind wir dazu bereit, ohne den Überbringer der Nachricht abzuwählen, abzustrafen oder als Idioten hinzustellen?

Dass es meist schlimmer wird, wenn man Probleme und Herausforderungen nicht klar anspricht, will niemand wahrhaben. Jetzt sieht es stark danach aus, dass es in der Flüchtlingspolitik keine allumfassende, europäische Einigung mehr geben wird. Um das Auseinanderbrechen der EU zu verhindern, wird ihr wohl nichts anderes übrig bleiben, als die Außengrenzen dicht zu machen.

Es gibt Abkommen mit der Türkei und nordafrikanischen Staaten mit dem Ziel, dass Migranten Europa gar nicht erst erreichen werden. Gleichzeitig wird mal wieder beteuert, man wolle Fluchtursachen bekämpfen, aber einen konkreten Plan gibt es dafür nicht. Wenn wir Menschen, die Hilfe brauchen, vor unserer Haustüre sterben lassen, verlieren wir auch unsere eigene Menschlichkeit und Würde. Und das ist wirklich weder christlich, noch entspricht es dem europäischen Gedanken der Solidarität.

Und doch wird am Ende zählen, was sich am besten verkaufen ließ und wie man es am geschmeidigsten formulieren konnte. Worte sind eben nicht nur treue Gefährten des Bewusstseins. Sie stellen sich auch als Söldner in den Dienst all jener, die sie in ihrem eigenen Interesse zu verwenden wissen.

Worte als Waffen

Im heißen Sommer 2018 haben wir ein neues Wort gelernt: »Framing«. Das bedeutet so viel wie die Aufladung eines neutralen, wertfreien Begriffs mit einer bestimmten Bedeutung. Positionen, Zusammenhänge und Kontexte werden auf einen knappen Begriff gebracht, damit man sich in einem Diskurs rasch fortbewegen kann, ohne immer wieder von Neuem zu definieren, was man eigentlich meint.

Framing wird zudem benutzt, um bestimmte Stimmungen und Assoziationen zu erzeugen. Im Umgang mit anderen Menschen ist Sprache das wichtigste Mittel. Je präziser man sich ausdrücken kann, desto besser wird man verstanden. Sprache kann aber auch manipulativ sein. Wenn man ständig jemanden als Idioten bezeichnet, glaubt man irgendwann selber daran, dass der andere ein Idiot ist. Möglicherweise übernehmen weitere Menschen und Medien diese Bewertung.

Genauso funktionieren entwertende und herabsetzende Ausdrücke, vor allem auf Dauer. Benutzt man eine respektlose Sprache, verliert man zunehmend den Respekt vor anderen Menschen, Ansichten, Religionen und Werten. Und man signalisiert seinen Mitmenschen, dass es völlig in Ordnung ist, andere zu beschimpfen und herabzusetzen.

Im Fall der Diskussion um den Umgang mit Asylsuchenden, Geflüchteten sowie Migranten allgemein tut sich insbesondere die AfD damit hervor, den kompletten Themenbereich negativ zu besetzen und entsprechendes Framing zu betreiben. Sie baut auf diese Weise ein Bedrohungsszenario auf, das de facto so nicht existiert. Gleichzeitig schafft sie es, durch dieses Vorgehen eines der wichtigsten Rechtsgüter, das Deutschland zu bieten hat, zu entwerten: das Recht auf Asyl.

Negatives Framing im Zusammenhang mit Asylthemen ist kein neues Phänomen. Das gab es beispielsweise mit dem Wort »Asylant« schon in den siebziger Jahren. Dieses Framing hat bis heute so hervorragend funktioniert, dass das Wort abseits von rechtspopulistischen Äußerungen kaum mehr benutzt wird, weil es inzwischen als eindeutig rassistisch und menschenfeindlich erachtet wird.

Weitere eindeutig negativ geframte Begriffe, die von den Vertretern rechter und rechtsnationaler Parteien im Zusammenhang mit der internationalen Debatte um Geflüchtete genannt werden, sind unter anderem »menschliche Überflutung« (Alexander Gauland), »gigantische Migrationswelle« (Marine Le Pen), »Menschenschwarm« (David Cameron), »unsäglicher Asyl-Orkan« (Björn Höcke) und »Katastrophe« (Donald Trump).[9] Sie alle sind verbunden mit der Vorstellung eines Endzeitszenarios. Ihre Botschaft ist: Wenn man jetzt nicht mit aller Macht aktiv wird, sind wir im Westen verloren.

Seit ihrer Gründung im Jahr 2013 hat die AfD die Politik in Deutschland mitbestimmt, indem sie Begriffe, die ihre Denke transportieren sollen, auf diese Weise mit neuen Definitionen versah und in die Diskussion einführte. Neben dem klaren negativen Framing gibt es natürlich auch Euphemismen – Begriffe, die etwas beschönigen sollen, zum Beispiel, um geplante Maßnahmen durchzusetzen. Das trifft zum Beispiel auf die sogenannten »Transitzentren« zu, in denen Geflüchtete gesammelt werden sollen, um sie dann zurückzuschicken. Zurückgehen ist aber das Gegenteil von Transit, was eigentlich Durchreise bedeutet, doch der Begriff versucht zu signalisieren, dass die Störenfriede eigentlich noch gar nicht da sind, sondern eben nur auf der Durchreise. Auch »Ankerzentrum« fällt in diese Kategorie, ein Akronym aus »Ankunft«, »Entscheidung« und »Rückführung«, das Sicherheit und Stabilität suggeriert. Dabei sollen hier bloß Menschen aussortiert werden. Alexander Dobrindt von der CSU sprach in einem Interview insgesamt dreizehn Mal von »kriminellen und gewaltbereiten Asylbewerbern«, als seien dies fest miteinander verknüpfte Merkmale.[10] Im Mai behauptete er mit Blick auf Flüchtlingshelfer und Asylanwälte außerdem, eine »Antiabschiebeindustrie« unterlaufe die Bemühungen des Rechtsstaats – was schlicht an Verschwörungstheorien erinnerte.

Es hat bis Ende Juli 2018 gedauert, bis der höchste Richter in Deutschland, der Präsident des Bundesverfassungsgerichts Andreas Voßkuhle, in einem Interview mit der *Süddeutschen Zeitung* klarstellte, dass Klagen gegen abschlägige Asylbescheide ganz grundsätzlich zum Konzept unserer Demokratie und unseres Rechtsstaats gehören. »Wer rechtsstaatliche Garantien in Anspruch nimmt, muss sich dafür nicht beschimpfen lassen«, sagte er.[11] Auch gegen den Ausdruck »Herrschaft des Unrechts«, den der zu diesem Zeitpunkt amtierende CSU-Chef im Februar 2016 im Zusammenhang mit der Aufnahme vieler Flüchtlinge verwendet hatte, wandte sich Voßkuhle. Er stufte ihn als »inakzeptable« Rhetorik ein, die »Assoziationen zum NS-Unrechtsstaat wecken [möchte], die völlig abwegig sind«.[12]

Da diese Art überschießender Sprache nicht neu sei und die Zuspitzung seit jeher zur politischen Auseinandersetzung gehöre, warnte Voßkuhle allerdings auch davor, reflexartig »im Zuge einer falsch verstandenen Political Correctness immer gleich den Populismusvorwurf zu erheben«.[13] Diesen Einwand kann ich gut nachvollziehen. Zwar sollte man unbedingt auf verfehlte Rhetorik aufmerksam machen und erklären, wie sie funktioniert und warum sie eingesetzt wird. Aber wenn man sich nur daran festbeißt, lenkt das vom Sachverhalt ab. Es nutzt dann nur denjenigen, die diese Sprache benutzen, weil sie sich als zensierte Opfer stilisieren, denen der Mund verboten wird. Nicht umsonst ist »Das wird man ja wohl mal sagen dürfen!« eins der beliebtesten Argumente derjenigen, die gegen Geflüchtete, Minderheiten sowie Andersdenkende und -glaubende mit herabwürdigenden, entwertenden, menschenverachtenden und verleumderischen Behauptungen ins Feld ziehen und sich ihres in ihren Augen mutigen Auftretens gegen die Political Correctness auch noch rühmen.

Nachdem Bundesinnenminister Horst Seehofer 2018 seine Rhetorik gegen Migranten immer weiter hochgefahren hatte, freute er sich bekanntermaßen über folgendes Ereignis: »Ausgerechnet an meinem 69. Geburtstag sind 69 – das war von mir nicht so bestellt – Personen nach Afghanistan zurückgeführt worden. Das liegt weit über dem, was bisher üblich war.« Kurz nach seiner Ankunft in Kabul beging der 23-jährige Afghane Jamal M., einer der 69 Abgeschobenen, Selbstmord. Er hatte zuvor acht Jahre in Deutschland gelebt. Wie sich später herausstellte, war Jamal M. mehrfach straffällig geworden, was eine Abschiebung auch in Krisengebiete gesetzlich vorsieht.[14] Für mich macht dies die ganze Sache jedoch nur noch verfahrener, weil es nicht zuletzt zeigt, dass wir es als Gesellschaft nicht geschafft haben, Jamal ein neues Zuhause zu geben. Das soll nichts entschuldigen und die individuelle Verantwortung für Straftaten nicht leugnen, aber wir versagen hier als Gesellschaft – übrigens oft genauso bei Deutschen, die straffällig werden. Die Diskussion hier auf Geflüchtete zu beschränken ist billig und heuchlerisch. Denn wären wir in der Lage, die Gesellschaft so zu organisieren, dass es für die sogenannten »Biodeutschen« besser läuft, würde es auch für alle anderen besser laufen. Es geht hier um das System, die Organisation, die Rahmenbedingungen, die eine Gesellschaft sich selbst schafft. Stimmen diese, wird auch keiner mehr abgehängt, es sei denn, er koppelt sich selber ab. Denen, die sich dafür entscheiden, ist dann tatsächlich nicht zu helfen.

Wie auch all jenen nicht, die ernsthaft infrage stellen, dass in Seenot geratene Menschen unbedingt zu retten sind. Laut UNHCR, dem UN-Flüchtlingskommissariat, sind im Jahr 2018 schätzungsweise bereits 1522 Flüchtende im Mittelmeer ertrunken, und das nur bis Anfang August.[15] Allein 850 davon im Juni und Juli, als die Rettungsmissionen verboten wurden. Ich finde es perfide, dass der ganze Streit über Worte, Rechtslagen und die Frage nach einer (moralischen) Mitschuld davon ablenkt, dass kaum etwas getan wird. Bezeichnenderweise reagierte Seehofer auf Voßkuhle, indem er im ARD-*Sommerinterview* erklärte, dieser dürfe »nicht Sprachpolizei sein«. Inhaltlich hatte Seehofer anscheinend nichts weiter dazu zu sagen, zumindest tat er es nicht.[16]

Es ist immer einfacher, andere zu beschuldigen, als darüber nachzudenken, dass man vielleicht auch selber etwas falsch gemacht haben könnte. Als ich Bayerns Ministerpräsidenten Markus Söder während eines Interviews im *Morgenmagazin* am 21. Juni 2018 auf den von ihm benutzten Begriff »Asyltourismus« ansprach, erklärte er, dies sei ein legitimer Begriff und er »glaube, dass wir diese Worte sehr,

sehr verantwortungsvoll gebrauchen«. Die Frage, ob er mit dieser Wortwahl die AfD kopiere, um deren Wähler für sich zu gewinnen, konterte er mit dem Vorwurf, in Deutschland grassiere seit zwei, drei Jahren eine »Belehrungsdemokratie«, die er als eine Gefahr für die Demokratie sehe. Auf die Verantwortung, die ein Politiker für seine Sprache hat, ging er nicht ein. Erst im Juli 2018 drehte er bei und erklärte, das Wort nicht mehr zu benutzen »wenn es jemanden verletzt«. Das ist aber weder eine Entschuldigung noch eine Anerkennung, dass das Wort diffamierend ist. Und es ist auch kein Versprechen, es unter keinen Umständen mehr zu benutzen.[17]

Auf die Verantwortung, die ein Politiker für seine Sprache hat, ging indes Bundespräsident Frank-Walter Steinmeier im ZDF-*Sommerinterview* ein. Er zeigte sich von der Art und Schärfe der Streitereien zwischen den Unionsparteien »zutiefst« besorgt und forderte, man müsse zu einer Sprache zurückfinden, die es erlaube, Kompromisse zu schließen. In Bezug auf die Sprache in den sozialen Medien fühle er sich »an die Missachtung und Verächtlichmachung der demokratischen Institutionen in der Weimarer Republik« erinnert. Das aber hat System, gerade wenn man an die Rhetorik der AfD denkt, der es allein darum geht, zu provozieren.[18]

Lässt man politische Gossensprache zu, dann entfernt sich Sprache vom Gegenstand und wird zum Kampfinstrument, mit dem Stimmung gemacht wird. Und statt einen konstruktiven Diskurs zu öffnen, wird Sprache dann eher zu einem Mittel, um Politik zu verhindern. Der sogenannte Asylstreit des Sommers 2018 hat es vorgemacht: Er war sprachlich und menschlich hässlich und hat zu keinem Ergebnis geführt.

Aber es gibt zum Glück auch positive Beispiele. Unlängst war ich in München in der S-Bahn unterwegs, als ein Migrant von einem Fahrgast fremdenfeindlich angegangen wurde. Ein älterer Bayer, landestypisch gekleidet, stand daraufhin auf, stellte sich dazwischen und sagte in tiefstem Bairisch: »Ja, lass mir nur den Neger in Ruhe!« Er sagte das mit so tiefer Überzeugung, dass mir sofort klar war, dass er selbst nicht den Hauch von Rassismus duldet. Dass er das heute verpönte N-Wort benutzt hat, das seine Generation einst wertfrei nutzte, lud da nur zum Schmunzeln ein. Auch darin liegt eine Wahrheit im Umgang miteinander: Man muss mehr darauf achten, *wie* etwas gemeint ist, wenn es gesagt wird. Sicher, Sprache ist essentiell und prägt unser Miteinander, und man muss überlegen, welche Worte man wählt. Aber nicht jede sprachpolitisch korrekte Korinthenkackerei dient dabei der Sache. Das würde nur dazu führen, einfache Gespräche, tiefergehende Diskussionen und Menschen, die sich schwer darin tun, zu formulieren, was sie meinen, abzuwürgen.

3

Tatsachen

»Migration« ist ja erst einmal ein wunderbar neutraler Begriff. In der Sprache der Zoologen und Biologen migrieren Zugvögel. Wir sagen, sie ziehen. Wenn Sie schon mal Kraniche im Licht der niedrigstehenden Herbstsonne auf einem abgeernteten Feld gesehen haben, wenn Sie beobachtet haben, wie sie sich in die Lüfte schwingen, wird »migrierende Vögel« Ihr neuer Lieblingsbegriff. Migration ist neutral. Es heißt umherziehen und schauen, wo es die besten Bedingungen zum Leben gibt. Die Migration verläuft bei den Vögeln in Zirkeln. Sie bewegen sich immer zwischen denselben Orten. So haben sie gewissermaßen eine Sommer- und eine Winterheimat.

Im Gegensatz zu Zugvögeln migrieren die meisten Menschen, wie wir wissen, äußerst ungern. Sie bleiben lieber, wo sie sind: in ihrer Heimat beziehungsweise in deren Nähe. Zur Erinnerung: Die große Wirtschaftsmigration innerhalb der Europäischen Union von Ost nach West und vom Süden in den Norden ist ausgeblieben und die allermeisten Geflüchteten würden lieber in der Nähe ihrer Heimat bleiben. Was soll man in einem Land, dessen Sprache man nicht spricht, wo man niemanden kennt und das eine fremde Kultur pflegt? Selbst als es den Griechen richtig dreckig ging und sie ohne weiteres hätten nach Deutschland auswandern können, um endlich die ersehnte Arbeit zu finden, die es in der Heimat aufgrund der Finanzkrise nicht mehr gab, kamen zwischen 2010 und 2017 nur rund 150 000 Menschen.

Weitere Zahlen, die, wie ich finde, eine eindeutige Sprache sprechen: Laut dem Flüchtlingskommissariat der UN, dem UNHCR, waren Ende 2017 68,5 Millionen Menschen auf der Flucht oder entwurzelt. Zehn Jahre zuvor waren es »nur« 37,5 Millionen. Die Mehrheit der Geflüchteten, rund 85 Prozent, bleibt in den meist (ebenfalls) armen Nachbarländern. Die beiden Länder, die am meisten Geflüchtete aufnehmen, sind Jordanien und Bangladesch. Jordanien nimmt seit 70 Jahren Geflüchtete auf, vorwiegend Palästinenser. In Bangladesch sind es aus Myanmar vertriebene Rohingya. Da nehmen sich die sogenannten »Flüchtlingsströme«, die Deutschland zu bewältigen hat, geradezu harmlos aus.[1]

Klar ist aber natürlich: Wir können hier nicht *alle* aufnehmen. Das hat jedoch tatsächlich auch niemand jemals behauptet. Weil es, klar, eine komplett unsinnige Aussage ist. Genauso klar ist, dass diejenigen, die zu uns kommen, sich an unsere Gesetze, Regeln und Pflichten halten müssen. Das gilt aber doch für jeden von uns, oder?

Denjenigen, die heute zunehmend genervt sind darüber, dass die Geflüchteten angeblich nur herumsitzen und von ihnen alimentiert würden, sollte man in Erinnerung rufen, dass die meisten Geflüchteten von sich aus gar nicht hergekommen sind, um herumzusitzen, sei es in Containerdörfern, Massenunterkünften oder zu kleinen Wohnungen. Die allermeisten von ihnen würden liebend gerne lieber heute als morgen ihr eigenes Geld verdienen, und zwar auf legalem Wege.

Grundsätzlich bin ich der Meinung, dass wir viele Menschen aufnehmen könnten, die hierherkommen wollen. Das sagt mir nicht nur mein Humanismus. Nur müssen wir uns gut darauf vorbereiten. Wir müssen die Strukturen schaffen, den Innovationsstau in den Behörden auflösen und den dortigen Personalmangel beheben. Wir müssten vor allem endlich mal ein belastbares Einwanderungsgesetz erlassen. Auch müssen wir in ausreichendem Maße Ausbildungen und Nachqualifizierungen anbieten, denn es kann nicht sein, dass nur diejenigen hierherkommen dürfen, die gut ausgebildet sind, und zudem viele nicht in Fachberufen arbeiten dürfen, weil ihr Abschluss hier nicht anerkannt wird. Man könnte an einigen Stellen vielleicht etwas lockerer werden, so wie man es mit den Lehrern ja schon versucht, die man so verzweifelt braucht; da gibt es inzwischen viele Möglichkeiten zum Quereinstieg, und wir werden sehen, ob sich das bewährt.

Neuankömmlinge bringen auch eine Chance auf Neues, auf mehr Vielfalt mit sich und können, egoistisch betrachtet, das Schließen von Job- und Versorgungslücken sichern, die wir mit unseren eigenen Leuten nicht ohne weiteres bewältigen können. Ein großer Teil der Leute, die zu uns kommen, ja, die generell ihr Herkunftsland verlassen und woanders hingehen, will etwas erreichen. Auch meine Eltern sind nicht hierhergekommen, weil Daumendrehen in Deutschland angenehmer ist.

Aber, wie gesagt, Humanismus und christliche Moral gebieten es, Schutzsuchende bei uns aufzunehmen; nicht zuletzt mit Blick auf den maßgeblich von uns Wohlstandsländern mitverschuldeten Klimawandel, der dazu führt, dass ganze Landstriche unfruchtbar und unbewohnbar werden und die Menschen von dort weggehen müssen. Man könnte durchaus sagen, dass wir jetzt die Rechnung für die Party des unbegrenzten Wohlstands und der Verschwendung bezahlen müssen.

Es verwundert wenig, dass immer mehr Menschen so verzweifelt sind, dass sie sich auf die lebensgefährliche Wanderung gen Europa begeben. Dafür müssen sie zuerst die Wüste durch- und dann das Mittelmeer nach Italien oder Spanien überqueren. Wir reden hier nicht nur von Klimaflüchtlingen, sondern auch von politischen Flüchtlingen, denen das Grundgesetz Asyl gewähren würde. Europa tut seit Jahren alles, um zu verhindern, dass Afrikaner ihren Weg in die Festung Europa finden. Dafür arbeitet die EU auch mit bekannten Unrechtsregimen wie dem Sudan und Eritrea zusammen. Ziel der Zusammenarbeit ist es, afrikanischen Flüchtlingen die Routen abzuschneiden.

Tatsächlich gelingt das auch. Die Route über Westafrika auf die Kanaren ist inzwischen genauso geschlossen wie die Balkanroute. Und die Route über Libyen und das Mittelmeer wird immer gefährlicher. Libyen ist ein dysfunktionaler Staat, in dem verschiedene Gruppen um die Vorherrschaft kämpfen, die keinerlei Interesse daran haben, Geflüchteten zu helfen. Stattdessen werden sie für 300 bis 500 US-Dollar als Sklaven verkauft.[2] In Algerien werden Menschen in der Wüste ausgesetzt, seit die EU von nordafrikanischen Ländern verlangt, Geflüchtete nicht mehr aufs Mittelmeer zu lassen. Erreichen sie dennoch das offene Meer, ist ihre Chance auf Rettung minimal.[3]

Aber wir müssen schon lange nicht mehr nach Afrika schauen, um eklatante Menschenrechtsverletzungen durch Herrschende auszumachen. Der rechtskonservative italienische Innenminister und Vorsitzende der fremdenfeindlichen Partei Lega Nord, Matteo Salvini, hat die Häfen des Landes für Hilfsschiffe den gesamten Sommer 2018 über geschlossen. Begründet wurde dies damit, dass NGOs, die die Menschen aus Seenot retten, Helfer der Schleuser seien.[4] (Fairerweise sei angemerkt, dass Italien vereinzelt Schiffen die Einfahrt erlaubt hat, wenn sich vorher andere Länder bereit erklärt hatten, die Geflüchteten aufzunehmen.[5]) Vom De-Facto-Verbot, Menschen zu retten, waren auch staatliche Hilfsschiffe und -programme betroffen.[6] So wurde beispielsweise die EU-Mission »Sophia«, die Migranten in Seenot rettet, eingestellt.[7]

Damit sie sich ein Bild von der dramatischen Situation machen können, lud Axel Steier, der Vorsitzende des Seenotrettungsvereins Mission Lifeline, Vertreter von CDU und CSU sowie Horst Seehofer persönlich ein, an Bord zu kommen. Ich finde, ein solcher Besuch wäre eine sinnvolle Aktion. Denn es ist immer leicht, etwas von sich zu weisen, was man selber nicht gesehen oder erlebt hat. Warum entwickelt man nicht generell eine Art Reality Format (im wahrsten Sinne des Wortes) mit Politikern, damit sie erfahren, wie die Menschen leben und leiden, über deren Schicksale sie entscheiden? Das könnte ganz hilfreich sein.

Aber für die Leute, die sich übers Mittelmeer zu uns kämpfen, ist das Ganze leider keine Spielshow. Verzweifelt suchen sie nach neuen Wegen. Nicht zuletzt infolge von Salvinis Entschluss änderte sich die Flüchtlingsroute ein weiteres Mal. Es war wohl eine ziemliche Überraschung für die Badetouristen vor Ort, als am 30. Juli 2018 ein Schlauchboot mit Migranten an einem Badestrand in der Nähe des spanischen Cadiz anlegte.[9] Doch bereits ab Juni 2018 kamen immer mehr Menschen von Marokko über das Meer nach Spanien, in den ersten sieben Monaten 2018 mehr als nach Italien. Insgesamt flohen in diesem Zeitraum 55 000 Menschen übers Mittelmeer nach Europa. Im Vorjahreszeitraum waren es etwa doppelt so viele.

Doch wie es aussieht, ist das erst der Anfang. Immer mehr Menschen werden nach Prognosen des Berlin-Instituts für Bevölkerung und Entwicklung Afrika verlassen.[10]

Der Wunsch, dass es einem genauso gut gehen möge wie der Bevölkerung der Ersten Welt, die ihren Wohlstand stolz im Internet vorführt, ist nur allzu verständlich. Der Drang nach Veränderung und Wohlstand schürt bei jungen Menschen die Motivation auszuwandern – was nicht heißt, dass sie später nicht wieder in ihre Heimat zurückkehren wollen, idealerweise mit Fähigkeiten und Kapital, mit denen sie die Entwicklungen in der Heimat positiv beeinflussen können.

Da kann man sich noch so sehr gegen Geflüchtete stemmen, Grenzen schließen, Rettungsmaßnahmen einstellen, Masterpläne erstellen und von den anderen EU-Staaten verlangen, dass sie das Dublin-Abkommen einhalten – es hält die Flüchtlinge nicht auf. Wird es da nicht Zeit, mal einen anderen Ansatz zu versuchen? Zum Beispiel planvoll mehr Menschen aufzunehmen und möglichst schnell zu integrieren?

Ich sage »man« und »wir« und meine tatsächlich uns alle. Wir können Geflüchtete und ihre Geschichten nicht auf Dauer von uns fernhalten. Und warum versuchen wir es überhaupt, denn sie sind ja hier mitten unter uns. Und wir alle und jeder einzelne von uns ist gefragt, wenn es darum geht, zu klären, wie das funktionieren kann: mit denen, mit uns und dem Wir, das zu formen wir in der Lage sein müssen.

Was Migration uns abverlangt

Klar, angesichts aktueller Zahlen sagt auch mir mein Verstand, dass es für uns Grenzen der Aufnahmemöglichkeiten gibt – arithmetisch gesehen, nicht gesetzlich. Nur wenn man diese einhält, kann man den inneren Frieden im Land gewährleisten und die anstehenden Aufgaben managen. Ansonsten droht der kollektive Burn-Out. Es ist eben ein permanentes Ringen um den besten Weg. Und der muss sich mitunter aktuellen Erfordernissen und Situationen (auch Notsituationen) anpassen. Simple Lösungsformeln helfen da überhaupt nicht.

Dennoch dürfen wir nicht nur reagieren, wie müssen über einen Masterplan nachdenken, der diesen Namen tatsächlich verdient. Nicht über einen kurzfristigen, auf Abschottung ausgerichteten also, sondern über einen umfassenden, weit in die Zukunft schauenden, der nachhaltig, aber zugleich flexibel genug gestaltet ist, um auf Unvorhergesehenes reagieren zu können. Dieser Plan muss, soweit es das Inland betrifft, die Interessen der Migranten und Asylsuchenden genauso berücksichtigen wie unsere eigenen. Damit meine ich keine Einzelinteressen wie das Recht auf Kopftuch oder Schweinefleisch, nein, es geht um langfristige, dem ganzen Land und seiner Bevölkerung dienende Interessen: um den Erhalt des Wohlstands, die Bereitstellung von Arbeitskräften, die Sicherung von Rente und Versorgung, den Ausbau der Digitalisierung, die Verbesserung von Bildung und Bildungschancen, den Abbau von Bürokratie, und ja, auch die Unterstützung einer leistungsfähigen Wissenschaft. Denn, so paradox es klingt, als Wissenschaftler ist man zurzeit häufig besser gestellt, wenn man in die USA emigriert. Diese Liste an Sachfragen habe ich mir nicht ausgedacht, sie taucht immer wieder auf, wenn gefragt wird, was die Menschen in diesem Land als wirklich wichtig erachten.

Geht es um Maßnahmen, um die Fluchtursachen in den jeweiligen Herkunftsländern zu bekämpfen, sind sich ja alle einig: Man muss in den Herkunftsländern mit Investitionen in Bildung und Beschäftigung Fluchtursachen verringern. Damit die Flüchtlinge gar nicht erst bis ans Mittelmeer kommen, sollen – wie es mit der Türkei bereits praktiziert wird – »sichere Orte« in Nordafrika entstehen, was die Länder dort aber (noch) ablehnen. In der Sahel-Region sollen Anlaufstellen für Flüchtlinge aus Konfliktregionen sowie für im Mittelmeer gerettete Flüchtlinge eingerichtet werden. Doch ist das alles hinsichtlich seiner Realisierbarkeit durchdacht? Es ist ja schön, in Afrika zu investieren, aber tun wir das nicht schon seit Jahrzehnten – und korrupte Regime lassen uns dabei ins Leere laufen? Was wollen wir dagegen tun?

Im Übrigen verlassen auch viele gut ausgebildete Menschen ihre afrikanische Heimat, weil sie woanders mehr aus sich machen können, freier und nicht der Willfährigkeit korrupter Strukturen unterworfen sind. Das führt zu einem Problem in den Heimatländern. Mehrere afrikanische Länder, darunter die Elfenbeinküste, Ägypten und Algerien, versuchen, diesen »Brain Drain« aktiv zu verhindern.

Es muss einen Weg geben, wie wir auf zukünftige Migrationsbewegungen, Überbevölkerung, die Folgen des Klimawandels, kulturelle und religiöse Differenzen gut und angemessen reagieren können. Und wir müssen ihn finden. »Wir« meint zuallererst, wie wir uns hier in Deutschland und in Europa aufstellen und welche Haltung wir einnehmen. Es kann und darf keine Lösung sein, Menschen in die Arme von Mördern und Diktatoren zu treiben oder in die Wüste, aufs offene Meer, in Sklaverei, Folter oder Ausbeutung zu schicken.

Wenn irgendwo ziviler Ungehorsam gegen die Entscheidungen unserer Repräsentantinnen und Repräsentanten in den Parlamenten gerechtfertigt ist, dann hier. Die Internationale Organisation für Migration der Vereinten Nationen (IOM) bietet auf ihrer Website eine Slideshow, die, so zynisch das auch klingt, den ständig aktualisierten Stand der Geflüchteten darstellt, die es übers Mittelmeer schaffen. Dort wird auch angezeigt, wie viele es nicht schaffen. Im ersten Halbjahr 2018 ertranken 1405 Menschen (das sind nur die, von denen man weiß). Die EU erreichten 45 808 Menschen. Im Vorjahreszeitraum erreichten knapp 101 000 Menschen das Festland, 2268 ertranken bei dem Versuch.

Ich habe von den Migranten gesprochen, die aus Afrika kommen. Und was ist mit jenen aus dem Mittleren Osten? In Syrien herrscht jetzt, 2018, noch immer Krieg. Afghanistan ist von inneren Konflikten zerrissen, daran ändert auch nichts, dass die Bundesregierung das Land als sicher genug einstuft, um Menschen dorthin abschieben zu können. Drei Millionen Afghanen warten im Iran nicht von ungefähr darauf, weiter in den Westen zu ziehen. Und auch in Afghanistan selbst sowie in Pakistan warten Menschen auf ihre Chance, ihre Länder zu verlassen. Das heißt: Da kommen noch erhebliche Herausforderungen auf Europa zu.

Das wird die Ablehnung gegenüber Migranten nicht gerade minimieren. Das Bemerkenswerte: Obwohl bereits deutlich mehr als 19 Millionen Menschen mit Migrationskontext in Deutschland leben,[11] hält sich hartnäckig die Vorstellung, die »fremden Menschen« passen nicht zu uns. Sie seien ja ohnehin nur vorübergehend im Land. Da hat sich seit den »Gastarbeiter-Zeiten« wenig verändert. Aber die Realität sieht heute wie damals völlig anders aus. In Deutschland hat jedes dritte Kind, das jünger ist als sechs Jahre, einen Migrationskontext. 51 Prozent dieser Menschen sind Deutsche. Nicht mehr lange, dann ist der sogenannte »Biodeutsche« der Exot.

Sollte Ihnen das Angst machen: Keine Sorge – diesen Weg haben wir schon lange eingeschlagen. Denn nicht nur Länder wie die Türkei, Syrien oder der Irak prägen diesen Migrationskontext, nein, auch Schweden, Spanier, Franzosen, Österreicher, Griechen, US-Amerikaner und Kanadier haben ihren Teil dazu beigetragen. Die größte Gruppe nach den Türken sind übrigens die Russen und die Polen, es folgen Kasachen und Rumänen, dann erst die Syrer. Es gibt Kieze in Berlin, in denen hört man immer mehr Spanisch und Französisch als Deutsch. In Berlin findet zudem bekanntermaßen ganz viel öffentliches Leben und Sprechen auf Englisch statt.

Englisch ist noch immer die vorwiegende Verkehrssprache unter den jungen Travellern und den vielen Expats aus aller Herren Länder. Wie bei fast allem gibt es auch hier eine Kehrseite: In einer ganzen Menge Lokale, vor allem in den Berliner Trendvierteln, kann man auf Deutsch kaum noch einen Kaffee bestellen. Auch Friseure verstehen einen teilweise nur noch, wenn man Englisch mit ihnen spricht. Das muss nicht nur Jens Spahn stören, es hat tatsächlich eine absurde Note. Im Alltagsleben nervt es. Es nervt einige offenbar so sehr, dass ich zumindest einmal schon gesehen habe, dass ein Café eine neue Mitarbeiterin suchte und explizit sehr gute Deutschkenntnisse als Einstellungsvoraussetzung nannte.

Es gibt ja ohnehin Anglizismen an jeder Ecke – Sie wissen schon: »Coffee to go – auch zum Mitnehmen«. Mein Vater hat mich schon vor vielen Jahren gefragt, was das eigentlich solle. »Wir haben doch eine eigene Sprache!« Er meinte natürlich die deutsche.

4

Hoffnung

Kennen Sie den Film *Three Billboards Outside Ebbing, Missouri* von 2017? Eine großartige Geschichte, in der sich verschiedene Abgründe auftun. Unter anderem wird ein junger, wütender, rassistischer Polizist gezeigt, der sich nur über andere lustig macht, sie drangsaliert, sie bespuckt und bei dem anstatt Worte eher Fäuste fliegen. Sein Leben lang wurde ihm eingetrichtert, dass er nichts wert sei, nichts könne, nichts tauge. Niemand glaubte je an ihn oder seine Talente. Dann erhält er einen Brief von seinem Vorgesetzten, der sich gerade aufgrund einer schweren Krankheit das Leben genommen hat. Sein Chef bedauert, dass er es ihm nie persönlich gesagt habe, aber er wolle ihn wenigstens auf diesem Weg zum Abschied wissen lassen, dass er an ihn glaube, dass er seine andere Seite gesehen hat. Daraufhin versucht der Polizist, sein Verhalten und sein ganzes Leben zu verändern.

Ja, ich weiß, es ist ein Film. Und doch glaube ich, dass diese Geschichte viel aussagt. Wenn man will, kann man vieles ändern – auch andere Menschen, indem man sie ermutigt. Und von durchaus ermutigenden Dingen soll dieses vierte Kapitel nun handeln; Dingen, die wir schon ganz gut können, auch wenn es oft noch besser ginge. Dinge, die uns Hoffnung darauf machen können, dass wir das mit dem guten Zusammenleben in unserer deutschen Heimat doch noch alle hinkriegen, auch wenn momentan so einiges krumm läuft.

Wohlstand mehren durch Migration

Es liegt wohl in der Natur des Menschen, zumindest seit er sesshaft geworden ist, das zu behalten, zu schützen und zu verteidigen, was er zu lieben gelernt hat; was er als lebensnotwendig erachtet; was er sich als Lebensgrundlage erkämpft und aufgebaut hat. Er weiß, dass er es schützen muss, weil Besitz immer auch Neid und Begehrlichkeiten bei anderen wecken kann. Neid ist unnötig und unwürdig, aber es gibt ihn und er bewirkt etwas.

Das Problem ist einmal mehr, dass sich die Realität nicht mit dem Wunsch nach einer einfachen, klar in Gut und Böse aufgeteilten Welt vereinbaren lässt. Der Populismus dieser Tage suggeriert aber genau das. Er versucht einen Zustand herzustellen, von dem er vorher behauptet hat, er sei bereits eingetreten. Er »untergräbt die Grundannahmen unserer pluralen Demokratie«, so Voßkuhle. »Populistische Politiker gehen von einem homogenen Volk aus und geben vor, genau zu wissen, was dieses Volk will. Sie sehen sich selbst als unmittelbare Repräsentanten des Volkes. Wer sie kritisiert, ist daher ein Feind des Volkes und muss bekämpft werden. Das ist dann schnell jeder, der nicht der Mehrheitspartei zugehörig ist. Diese Vorstellungen finden wir bei vielen der neuen identitären oder illiberalen Bewegungen.« Das ist aber mit den demokratischen Regeln unseres Landes nicht vereinbar. Voßkuhle weist darauf hin, dass das Demokratiekonzept, das dem Grundgesetz zugrunde liegt, zahlreiche verfassungsrechtliche Gewährleistungen enthält, die eine offene, freiheitliche Gesellschaft garantieren. Nur wollen die Rechtspopulisten gar keine offene Gesellschaft, sondern eine geschlossene. Und das machen sie immer wieder klar. Eine geschlossene Gesellschaft ist aber nun einmal mit Demokratie und Rechtsgleichheit nicht vereinbar.[1]

Die Angstmacherei der Populisten dient allein dazu, gesellschaftliche Gruppen zu Feinden zu machen und sie gegeneinander auszuspielen. Dann ist man entweder einer von »denen« – das sind diejenigen, von denen die Bedrohung ausgeht – oder man ist einer von »uns«, also denjenigen, die die Heimat lieben und sie beschützen. Diese simple Logik ist nicht überzeugend, denn niemand, der im Visier der selbsternannten Heimatschützer und der Hater steht, nimmt jemandem etwas weg. Es werden nicht weniger Kinder geboren, weil jemand homosexuell oder transsexuell ist. Auch nehmen Zuzügler niemandem den Arbeitsplatz weg, und niemand erhält weniger Sozialleistungen oder Kindergeld, weil weitere Berechtigte hinzukommen. Die Wohnungsnot in Berlin, München oder Frankfurt am Main ist nicht auf die Geflüchteten zurückzuführen, sondern darauf, dass viele Deutsche dorthin ziehen und die Verantwortlichen für Wohnungspolitik nicht in der Lage waren, dies sozialverträglich zu steuern. Nein, die Neuankömmlinge nehmen uns nichts weg. Sie verschärfen höchstens in einigen Bereichen die ohnehin angespannte Situation. Wohnungsmarkt und Kitaplätze sind da nur zwei Beispiele.

Aber wenn es gut läuft, geben uns die Neuen etwas. Und das ist gut so. Es gibt ja durchaus jede Menge unbesetzter Jobs und Lehrstellen in diesem Land, von Fachkräften ganz zu schweigen. In Berlin etwa sind hunderte von Lehrerstellen unbesetzt. In ganz Deutschland fehlen Lehrer, auch in Bayern und Baden-Württemberg. Ein Bekannter von mir ist

Quereinsteiger an einer Berliner Grundschule. Einer seiner Kollegen stammt aus Syrien. Er ist seit vier Jahren im Land und unterrichtet seit zwei Jahren unter anderem Englisch. Ein weiterer Kollege ist Franzose und ist unter anderem Deutschlehrer. Auch andere Nationalitäten sind im Kollegium vertreten.

Auch in Anlern- oder prekären Jobs werden Leute gesucht. Achten Sie mal drauf, wie oft nicht nur auf den Wagen von Handwerkern steht: »Kollegin/Kollege dringend gesucht!« Ähnliches steht an den Wagen der Verkehrsbetriebe, hängt in den Fenstern von Restaurants, Frisiersalons, auf Plakaten von Pflegediensten sowie von Callcentern. Und selbst die Plakatkleber brauchen Verstärkung.

So gesehen erscheint es eher als grundlegendes Problem, dass man Migranten nicht schnell genug in Arbeit bekommt. Natürlich ist die deutsche Sprache eins der größten Hindernisse – nicht jeder ist ein Sprachtalent. Aber es kommen so viele junge Menschen etwa aus den USA, Spanien oder Frankreich hierher, die auch kein Deutsch können, und kaum einer hat ein Problem damit. Sie quatschen einfach fröhlich ihr teils komisches Englisch und finden schon jemanden, der es versteht und ihnen weiterhilft – und sei es über Jobs in Bars und Cafés. Nicht wenige lernen dann doch schnell das Nötigste an Deutsch. Und jeder, der ins Land kommt, hat die Möglichkeit, Sprachkurse zu besuchen, unter Umständen sogar kostenfrei.

Das Sprachproblem ist jedenfalls zu beheben. Doch leider verhindert auch die Bürokratie die rasche Integration der Neuankömmlinge in den Arbeitsmarkt. Das war übrigens schon in den achtziger Jahren so, als viele Libanesen vor dem Bürgerkrieg flohen und hier Schutz fanden. Sie durften nicht arbeiten. Die fatalen Folgen sehen wir heute. Müssen wir denselben Fehler wieder machen? Natürlich ist das Arbeitsverbot kein alleiniger Grund, dass jemand kriminell wird, aber es begünstigt solch ein Abdriften durchaus. Die arabischen Clans, über die man sich gerade in Berlin (zu Recht) so aufregt, weil sie ein System der organisierten Kriminalität aufgezogen haben, profitieren genau davon – und das wiederum bläst den Rechtspopulisten weiteren Wind in die Segel.

Menschen in Arbeit zu bringen ist im Augenblick einerseits leicht, weil viele neue Jobs entstehen, andererseits schwierig, weil qualifizierte Kräfte fehlen. Gerade Langzeitarbeitslose haben hier ein Problem. Dennoch sinkt die offizielle Arbeitslosenquote seit 2005 kontinuierlich und liegt nun bei 5,4 Prozent.[2] Natürlich ist es schwierig, die vielen Migranten in den Arbeitsmarkt zu integrieren. Aber es funktioniert immer wieder. Ende April 2018 weist die Statistik 229 000 sozialversicherungspflichtige Arbeitnehmer aus den wichtigsten Asylherkunftsländern in Deutschland aus.[3] Nicht alle von ihnen kamen 2015 oder später nach Deutschland. Verhältnismäßig viele arbeiten zwar in prekären Jobs, aber immerhin arbeiten sie, und es gibt auch welche, die als Facharbeiter beschäftigt werden. Voraussetzung dafür ist, dass ihre heimatliche Qualifikation anerkannt wird oder sie sich entsprechend nachqualifiziert haben.

Migration ist also nicht zuletzt in Sachen Arbeitsmarkt essentieller Bestandteil der Entwicklung und des Funktionierens der Integration in unserem Land. Wir haben einen großen Bedarf an ins Land kommenden Arbeitskräften, aber zu wenig legale Zuwanderungswege für Nicht-EU-Bürger.[4]

Erstaunlich ist, dass die Hälfte der derzeit beschäftigten Geflüchteten einer qualifizierten Tätigkeit nachgeht. Dabei spielt es keine Rolle, ob sie einen in Deutschland anerkannten Bildungsabschluss haben. Da in den vergangenen Jahren der Bedarf an Arbeitskräften in der Gastronomie und der

Landwirtschaft stärker gestiegen ist als erwartet, sind auch hier viele Geflüchtete untergekommen.[5]

Auf der anderen Seite, und das gehört natürlich auch zur Wahrheit, sind nach wie vor eine halbe Million Geflüchtete ohne jegliche Arbeit. Aber ich mache mir keine allzu großen Sorgen, dass sich daran bald manches ändern kann. Mir klingt noch immer der Hilferuf des Deutschen Industrie- und Handelskammertags (DIHK) aus dem Sommer 2018 in den Ohren.[6] 17 000 Unternehmen erhielten 2017 keine einzige Bewerbung auf Lehrstellen. Dafür, dass die Menschen im Grunde wissen, welche Anforderungen die Zukunft an sie stellen wird, ist es erschreckend, wie wenig man sich darauf vorbereitet. So wie sich der Bedarf an Kindergartenplätzen, Lehrern und Altenpflegekräften errechnen lässt, ließe sich auch der Bedarf an Arbeitskräften errechnen – die schwankenden Entwicklungen in der Konjunktur mal unberücksichtigt gelassen. Aus Sicht des DIHK wäre die Entwicklung ohne weiteren Zuzug übrigens katastrophal. Durch den mangelnden Nachwuchs ist die Zukunft ganzer Betriebe gefährdet, die erst keine Mitarbeiter mehr finden, dann Aufträge absagen müssen, im nächsten Schritt auf Modernisierungen verzichten, um schlussendlich dicht zu machen. Die Lücken würden dann – wenn überhaupt – von ausländischen Firmen gefüllt. Auch so kann man seine Heimat zerstören und ausverkaufen.

Man muss übrigens keine Angst davor haben, dass die Neuankömmlinge die Löhne nach unten ziehen. Sie werden ja gesucht und gebraucht, das heißt, der Lohn kann durchaus ein Lockmittel sein, und ohnehin gibt es inzwischen ja endlich einen Mindestlohn. Auch das ist ein großer Fortschritt – und nicht der Einzige, den die deutsche Politik und die deutsche Gesellschaft in den vergangenen Jahren erzielt haben.

Es läuft in Deutschland –
und wird weiter laufen

Im Großen und Ganzen funktioniert in Deutschland vieles ziemlich gut. Es gibt natürlich einiges, das zu verbessern wäre. Es fehlen, wie gesagt, Kindertagesstätten, Erzieher, Lehrer, Pflegekräfte. Es fehlen Fachkräfte und weniger gut ausgebildete Menschen, die die offenen Stellen besetzen, dadurch die Wirtschaftsleistung Deutschlands erhöhen und in die Sozialkassen einzahlen könnten. Das sind einige der Probleme, denen wir unser Augenmerk schenken müssen, anstatt uns um die deutsch-österreichischen Grenzübergänge zu sorgen. Mich jedenfalls interessieren die realen Missstände, nicht die gefühlten oder aufgebauschten. Außerdem sind Probleme nun einmal mehr oder weniger existenzbedrohend. Kann es jemandem, der ein Einfamilienhaus und zwei Autos hat, wirtschaftlich schlechtgehen? Muss er sich wirklich vor etwas fürchten? Zunächst würde ich sagen: Nein, jedenfalls wenn der Schein nicht trügt. Aber klar kann es hinter der Fassade brodeln. Vielleicht ist die Familie hoffnungslos überschuldet? Vielleicht ist ein Ehepartner oder sind gar beide plötzlich arbeitslos geworden und finden so schnell keine neuen Jobs? Das sind dann echte Probleme, die einem das Leben selbst in diesem wohlhabenden Land vergällen können und die dann bei manchen eben den Wutbürger hervorkehren.

Es ist gleichwohl wichtig, dass wir uns jeden Tag daran erinnern, dass es keine Selbstverständlichkeit ist, in einer Demokratie zu leben. Es gilt, sie am Laufen zu halten, sie zu bewahren, zu verteidigen. Demokratie ist kein Selbstbedienungsladen, aus dem man sich nimmt, was einem gerade passt. Jedenfalls darf man die Wahnvorstellungen vom rechten Rand, Deutschland versinke quasi in Anarchie, Chaos und Rechtlosigkeit, nicht ernst nehmen. Deutschland ist bei aller berechtigten Kritik ein funktionierendes und demokratisches Land. Und im Vergleich zu vielen anderen Ländern ziemlich gut gemanagt. Rechtssicherheit, Sozialsystem, Krankenversicherung, niedrige Arbeitslosigkeit, soziale Marktwirtschaft – es fühlt sich gut an, hier zu leben.

Das finden auch andere. Die Leute kommen als Touristen. Sie kommen als Studenten. Als Arbeiter und Fachkräfte. Und es kommen eben auch immer wieder Flüchtlinge aus Kriegs- und Krisengebieten. Und ja: Es kommen auch Kriminelle – Taschendiebe, Einbrecher, Terroristen; diesen Bodensatz gibt es überall.

Menschen gehen dahin, wo sie sich ein besseres Leben versprechen. Wer will es ihnen verdenken? Sie oder ich, die mit Deutschland in der Geburtslotterie gewonnen haben? Wer will nicht lieber dort leben, wo die Sonne scheint? Wo ich nicht ausgebeutet werde? Wo mir nicht das Meer vor der Nase leergefischt wird? Wo meine Kinder eine Zukunft haben?

In der Vergangenheit hieß es bereits häufiger: Das kann nicht klappen. Das war bei den Vertriebenen nach 1945 so, das war bei den Spätaussiedlern so, das war bei den sogenannten Gastarbeitern und bei der Aufnahme der Geflüchteten aus den jugoslawischen Teilrepubliken so, und so ist es auch heute. Immer fürchtete man eine Überforderung und eine historische Ausnahmesituation. Aber wer die Geschichte kennt, der weiß, dass die Bewegung von Menschen über Grenzen zu den Regelsystemen historischer Erfahrungen gehört. Besser, man ist darauf vorbereitet, dass Menschen diesen Weg wählen und sich auf nach Deutschland machen.

Deshalb muss sich eine offene Gesellschaft einen Weg überlegen, damit umzugehen. Das kann nicht heißen, alle draußen zu halten, nur weil auch jemand darunter sein könnte, der keine lauteren Absichten hat. Und unsere bewährten Systeme sollten wir schon gar nicht in Frage stellen – Rechtsstaat bleibt Rechtsstaat. Man muss nicht jeden mögen, das wäre wirklich zu viel verlangt. Man kann sich aus dem Weg gehen. Das nennt man Toleranz.

Die Vielfalt, die die Zugereisten mitbringen, kann in Deutschland für eine richtig gute Zukunft sorgen, wenn wir nicht pauschal ausgrenzen, sondern alle miteinander unsere jeweiligen Stärken in die Waagschale werfen – und zwar auf der Basis unserer freiheitlichen, demokratischen Grundordnung. Sich dafür einzusetzen, das ist das verbindende Element. Auch das ist ein Teil von Heimat – ein Konsens, auf den sich alle gemeinsam verpflichten können.

Das heißt natürlich auch, dass wir von denen, die zu uns kommen, verlangen können und müssen, dass sie sich mit uns, unseren Gepflogenheiten, unserer Geschichte, unserer Kultur, unseren Regeln auseinandersetzen. Ich erwarte von niemandem, dass er sich einfach nur assimiliert, dass er seine Religion oder seine Kultur aufgibt – warum auch? Es geht hier nicht um »Entweder-oder«, es geht vielmehr um »Sowohl-als auch«. Das muss jedem klar sein oder klar gemacht werden, der hierherkommt, denn nur dann kann er wirklich hier ankommen, eventuell sogar heimisch werden – so wie es meine Eltern und Millionen andere auch geworden sind.

Dafür müssen wir unsere Gepflogenheiten erklären. Das fängt bei der Mülltrennung an, geht über Frauenrechte bis hin zu dem Fakt, dass Polizisten bei uns meist »Freund und Helfer« sind und nicht, wie es etwa im Irak lange der Fall war, Drangsalierer, Spione und Folterer. Dass Behörden helfen und nicht verhindern wollen, muss auch vermittelt werden. Und ja, man kann hierzulande Leitungswasser trinken; das war für viele syrische Geflüchtete ein echtes Novum.

Viele Dinge im deutschen Alltag sind für die Neuankömmlinge fremd. Sie machen Fehler aus Unkenntnis, die dann von den Einheimischen undifferenziert und kollektiv angeprangert werden. Da kann ich nur noch einmal sagen: Reden und Zuhören hilft, und das gilt für alle Beteiligten.

Nicht der Zuwanderer ist der Feind der Demokratie. Bedroht ist unsere freiheitliche Grundordnung von all denjenigen, die unser demokratisch-parlamentarisches, liberal-tolerantes System grundsätzlich infrage stellen – mit welchem Pass auch immer.

All das macht übrigens erneut deutlich, wie absurd es ist, dass es immer noch Stimmen gibt, die behaupten, Deutschland sei kein Einwanderungsland. Aber nur, weil man es unermüdlich wiederholt, wird es nicht wahr. Wenn das Wort nicht so ausgelutscht wäre, würde ich tatsächlich sagen: Deutschland ist längst multikulti. Schauen Sie sich doch einfach mal um! Leben im Heute heißt: Wir sind längst eine bunte Gesellschaft, deren Heterogenität das größte Pfund ist, mit dem wir wirklich wuchern können. Diese Mischung ist unser Kapital. Wenn sich Menschen aus aller Welt bei uns heimisch fühlen, entsteht produktive Vielfalt. Und es entsteht Gemeinsamkeit, denn dann gibt es etwas zu verteidigen, und zwar von uns allen zusammen; einen Wertekonsens zum Beispiel, der über den Religionen steht: unser Grundgesetz.

Chance und Pflicht der Medien

Vielleicht tragen auch wir Medienschaffenden zu einem negativen Bild von der Lage der Nation bei, das ich gerade etwas aufzuhellen versuche. Weil wir bestimmte Dinge nun einmal mehr in den Vordergrund stellen als andere.

Weil wir weniger das normale, oft gar nicht so schlechte Leben darstellen als die Extreme, die Normverstöße, die Aufreger – die natürlich mit größerer Aufmerksamkeit, ja mitunter Sensationsgier und Empörungsbereitschaft aufgenommen werden. Und nun werden wir die Geister, die wir riefen, nicht mehr los.

Unser Leben ist nicht schwarz-weiß. Es hat viele Farben. Es gibt ja auch durchaus Erfolge zu verzeichnen. Eventuell vergessen wir manchmal, auch diese medial abzubilden. Ebenso vergessen wir vielleicht, anstatt den Dauerkritikastern und Schreihälsen jenen Stimmen eine Bühne zu geben, die eher bedächtig, versöhnlich, beschreibend, unaufgeregt und konstruktiv daherkommen. Nicht, dass Sie mich falsch verstehen: Natürlich gibt es Probleme und die sollten wir auch klar benennen. Das Aufzeigen dieser Probleme sollte im Idealfall zu entsprechenden Rückschlüssen und dann zu optimierenden politischen Handlungen führen, zu Lösungen, zu Vermeidungsstrategien. Die erkannten Probleme sollten jedoch nicht größer gemacht werden, als sie sind, geschweige denn politisch instrumentalisiert werden.

Genau das ist aber in Teilen vor allem mit der Debatte um Geflüchtete passiert. Und das auch durch gezielte Kampagnen. So hat sich beispielsweise in unserem kollektiven Gedächtnis festgesetzt, dass die Regierung im Sommer 2015 die Kontrolle über dieses Land verloren habe. Wir haben abgespeichert, dass damals jegliche Ordnung zusammengebrochen sei. Selbst Kanzlerin Merkel, die so lange an dem »Wir schaffen das« festgehalten hat, scheint kapituliert und diese Sichtweise übernommen zu haben. Heute jedenfalls widerspricht sie nicht mehr, wenn man von »Kontrollverlust« spricht. Rückblickend hat man in diesem Land mehrheitlich das Gefühl, wir hätten damals die staatliche Ordnung zur Disposition gestellt. Dass die Behörden im Sommer 2015 nicht wirklich vernetzt waren, war und ist noch immer ein Unding, und Etliches mehr noch könnte ich hier anführen, bei dem man sich heute, mit deutlich mehr Informationen ausgestattet, rückblickend fragt, wie das sein konnte.

Eines ist klar (und ich denke, da sind wir uns alle einig): Das darf sich in der Art nicht wiederholen – weder für uns und erst recht nicht für die in Not geratenen Menschen. Aber hat der Sommer 2015 das Land wirklich ins Chaos gestürzt? War es nicht vielmehr ein heftiger gesellschaftlicher Stresstest, der allen Widrigkeiten zum Trotz – auch dank einer engagierten Zivilgesellschaft – im Großen und Ganzen erfolgreich bewältigt wurde? Es waren ja nicht die Behörden oder der Staat, die diese Herkulesaufgabe bewältigt haben. Es ist vor allem dem herausragenden, meist ehrenamtlichen Engagement der deutschen Bevölkerung zu verdanken.

Von diesem beeindruckenden Tatendrang haben sich auch die Medien kurzfristig beeindrucken und ja, ein Stück weit vereinnahmen lassen. Wir haben etwas zu lange gebraucht, um nach Auswirkungen, Herausforderungen, Problemen und dergleichen mehr zu fragen, die mit den Hunderttausenden von Geflüchteten ins Land kamen.

Doch die Loslösung von diesem, sagen wir, »Beeindruckt sein« folgte schneller, als manche Kritiker es heute beschreiben. Dass dieses Pfund der Hilfsbereitschaft aus dem Bewusstsein vieler Menschen inzwischen verschwunden ist, liegt in großen Teilen ebenfalls an uns Medien, nicht zuletzt, weil wir unsere anfängliche Ungenauigkeit besonders deutlich kompensieren wollten. Denn nach der spontanen Begeisterung haben wir uns doch sehr auf das Negative konzentriert.

Vielleicht aus dem Selbstverständnis heraus, die sogenannte vierte Gewalt zu sein (persönlich finde ich »vierte Säule der Demokratie« besser), haben wir Medien eher ein

Sendebewusstsein, was das Negative, das Misslungene, das Gescheiterte anbelangt – auch, weil es sich besser »enthüllen« lässt. Unser Job ist es nun einmal, Konflikte und ihre Auswirkungen schonungslos zu beschreiben und einzuordnen. Aber manchmal verlieren wir dabei das Positive, das Gelungene aus dem Blick.

Eventuell entsteht durch diese Fokussierung also manchmal der Eindruck, es gehe bergab mit uns und diesem Land. Dem ist natürlich nicht so. Deutschland ist nach wie vor eines der Länder mit der höchsten Lebensqualität und eine der stärksten Volkswirtschaften; und es wird bis heute international meist für die damalige humanitäre Geste der bereitwilligen Aufnahme von Notleidenden gelobt.

Glücklicherweise leben wir in einem Land mit freier Presse. Niemand schreibt mir als Journalistin vor, was ich fragen darf und was nicht. Und nein, weder Frau Merkel noch sonst wer von ganz oben ruft mich morgens an und sagt mir, was ich zu sagen habe. (Daran ist übrigens schon mein Vater gescheitert.) Der Vorwurf der Staatspresse ist in keiner Weise haltbar. Mich persönlich interessieren Parteien ohnehin weniger als die Politik, an der sie ihren Anteil haben. Mir geht es eindeutig um die Sache. Gibt es ein Thema, versuche ich erst einmal, in mich selbst hineinzuhören, bevor andere Stimmen, Einschätzungen und Meinungen meine eigenen Gedanken überdecken und schließlich vielleicht so laut werden, dass ich mich selbst nicht mehr hören kann. Also frage ich mich zunächst: Was denke ich darüber? Wo stehe ich? Welche Erfahrungen habe ich mit dem Thema gemacht? Ist das, was mir dazu einfällt, mein eigenes Wissen? Ist es Hörensagen oder angelesen? Kenne ich jemanden, der davon betroffen ist? Und wie verändert das dann meine Sicht? Und wenn es irgend geht, versuche ich immer wieder, mir vor Ort ein eigenes Bild zu machen.

Daraufhin sehe ich mir alle Fakten an, die ich bekommen kann. Genau hinzuschauen und zu recherchieren und zwar so lange, wie es eben dauert, ist mein Job. Erst dann lasse ich andere Stimmen in meinen Kopf: Kommentare, Leitartikel, Pro- und Contra-Beiträge und so weiter. Ich möchte jedes Thema gerne aus den unterschiedlichsten Perspektiven beleuchten.

Und zum Glück ist das in Deutschland und im deutschen Mediensystem mit all seiner Vielfalt auch möglich. Es gibt bei uns Zeitungen, Zeitschriften und Internetportale für alle Richtungen und Strömungen. Es gibt die *Junge Freiheit*, die im konservativen bis völkisch-rechtsnationalen Spektrum anzusiedeln ist, und die linksalternative *Junge Welt*. Es gibt die eher konservative *Frankfurter Allgemeine Zeitung*, die liberale *Süddeutsche Zeitung* und die linke *taz*. Es gibt die – nennen wir es mal – emotionsorientierte *Bild*-Zeitung. Und in all diesen Medien gibt es wiederum Texte, die sich genau diesen Kategorien entziehen.

Wir haben die Wahl. Nutzen Sie sie. Machen Sie sich ihr eigenes Bild. Wir können in einer 30-minütigen Nachrichtensendung nicht alles unterbringen. Bring- und Holschuld gibt es nicht nur in Bezug auf Integration, sondern auch in Bezug auf Medien und Informationsbeschaffung. Ich kann Ihnen versichern, dass wir alles daransetzten, gut zu recherchieren und dass wir versuchen, uns dem Zeitdruck zugunsten von Inhalten zu entziehen. Sie müssen uns aber auch an der einen oder anderen Stelle die Zeit geben und sollten uns nicht gleich unterstellen, wir wollten was vertuschen. Wie denn auch in Zeiten des Internets? Und warum?

Nicht zuletzt ist ein guter, investigativer, unerschrockener Lokaljournalismus wesentlicher Teil einer funktionierenden, medial gespiegelten Heimat. Ohne die validen Informationen, die er liefert, muss man damit rechnen, dass sich die Leute ihre Sicht der Dinge – gerade, was ihr direktes Lebensumfeld angeht – woanders holen, und das dann im schlimmsten Fall bei denen, die irrationale Ängste schüren, unsere Heimat an die Rechten, die Identitären, die sogenannten Heimatschützer ausliefern möchten.

Keine Kraft kann uns gleichschalten. Zumindest sieht es nicht danach aus. Wenn man sieht, was gerade anderswo passiert, etwa in Ungarn, in Polen, in der Türkei – das ist alles Europa! –, können wir froh und glücklich sein, dass wir hier noch eine vielseitige Presselandschaft haben.

Jeden Tag, jede Stunde, im Grunde genommen jede berufliche Minute treffen wir TV-Journalisten eine Entscheidung nach solchen Kriterien der Relevanz, des Nutzwerts und des Neuigkeitswerts. Es gibt so viele Forderungen, die wir zu berücksichtigen haben. Wir sollen und müssen Fernsehen für alle machen. Also müssten wir eigentlich auch ein Programm für die vielen Menschen machen, die dieses Land noch nicht so gut kennen; für die, die ein wenig länger brauchen, um etwas zu verstehen, ebenso wie für die, die eingeschränkte sinnliche Wahrnehmungen haben; für Jugendliche und für ganz Alte; für diejenigen, die am Rand der Gesellschaft stehen ebenso wie für diejenigen, die in den Chefetagen das große Rad drehen.

In diesem Spannungsfeld bewegen wir uns. Die meisten von ihnen bedienen wir mit unserem Programm. Zumindest machen wir dieses Angebot. Ob es genutzt wird, steht auf einem anderen Blatt.

Wir versuchen jeden Tag, unserer Verantwortung für diese Gesellschaft gerecht zu werden. In unserer Funktion als Journalisten nehmen wir uns auch das Recht heraus, in den Momenten, in denen es nötig ist, schonungslos zu sein und die Dinge beim Namen zu nennen. Wir stellen Fragen und wir geben keine Antworten vor. Wir sind weder dazu da,

Ihnen Ihre schon festgelegte Meinung zu bestätigen, damit sie sich besser oder im Recht fühlen, noch sind wir verantwortlich für die manchmal eben schlechten Botschaften, die wir überbringen müssen.

Journalisten machen natürlich auch Fehler. Mal verwechseln wir Zahlen, mal sprechen wir Gesprächspartner mit falschem Namen an. Wir interpretieren ein Bild falsch oder ordnen einen Film einem anderen Sachverhalt zu. Wir übernehmen von Kollegen ein unvollständiges Zitat oder vertrauen der falschen Quelle. Das passiert (auch wenn es nicht passieren sollte). Dafür muss man dann geradestehen und die Sache richtigstellen – oft genug stolpert man weniger über den gemachten Fehler als vielmehr darüber, wie man mit ihm umgeht. Gut, den Shitstorm der Unverbesserlichen und in ihren eigenen Augen »Unfehlbaren« müssen wir aushalten und auch, dass uns Fehler noch jahrelang unter die Nase gerieben werden. Aber das gehört dazu.

Verantwortung heißt übrigens auch, seine Sorgfaltspflicht einzuhalten. Habe ich ausreichend recherchiert? Ist die Zuspitzung gerechtfertigt? Ist die Headline korrekt oder geht es mir nur um den schnellen Klick? Bedenke ich, dass manche Leser zu reinen Schlagzeilenjunkies verkommen sind und den Text gar nicht mehr vollständig lesen? Muss ich wirklich alles online stellen beziehungsweise veröffentlichen? Zum Beispiel auch, wie ein Mädchen abgestochen wird, nur weil ein Handyvideo dazu der Redaktion vorliegt? Und wenn wir es nicht tun, hagelt es dann wieder Kritik oder Unterstellungen, wir würden etwas verheimlichen?

In mancher Kritik liegt auch eine Chance zur Selbstbefragung. Dass der Journalismus zumindest in den Augen einiger Menschen hier im Land in eine Vertrauens- und Glaubwürdigkeitskrise geraten ist, eröffnet uns Journalisten enorme Chancen zur Reflexion. All die neuen Diskussionsforen und Rechercheplattformen hätte es ohne diese Entwicklung nie gegeben.

Das ist umso wichtiger, weil wir Medien seit einigen Jahren mit einem Totschlagbegriff belegt werden: »Lügenpresse«. Alternativ: »Lückenpresse«. Diese Begriffe haben uns unter Generalverdacht gestellt. Alle Journalisten sind davon betroffen. Unsere Glaubwürdigkeit ist beschädigt.

Die Beleidigungen sind irgendwie noch auszuhalten. Als problematischer empfinde ich, dass man unter Rechtfertigungsdruck gerät. Es werden die Vorwürfe in den Raum gestellt, wir Journalisten seien vom System korrumpiert und steckten mit den Mächtigen unter einer Decke. In der Folge werden wir durch solche Aktionen geradezu gezwungen zu beweisen, dass diese Vorwürfe nicht stimmen. Man fühlt sich genötigt, seine Arbeit und seine Grundsätze zu erklären. Doch das wirkt leider oft unsouverän. Tun wir es nicht, heißt es: Wussten wir es doch, die haben es nicht nötig. Die sind Teil des Establishments, das es zu bekämpfen gilt. Tun wir es, sind wir im Hamsterrad der Rechtfertigung gefangen.

Mir persönlich wird häufig unterstellt, ich verfolge mit allem, was ich tue und sage, eine Absicht, und ich weiß, dass es anderen Kollegen ähnlich geht. Es wird behauptet, dass ich »gefärbten Journalismus« mache, dass ich eine »Aktivistin« sei und keine »Journalistin«. Es geht sogar schon so weit, dass ich mich dafür rechtfertigen muss, wenn das Publikum in meinem Talkmagazin Aussagen des Justizministers beklatscht. Dann heißt es, Hayali habe nur »gekaufte Klatscher« in ihre Sendung eingeladen.

Wenn das eine Einzelmeinung wäre – geschenkt! Aber es ist anscheinend keine Einzelmeinung. (Gut, wie viele Bots und Fake-Accounts sich hinter einem Shitstorm verbergen, sei dahingestellt.) Wie man diese Vorwürfe begründen will, ist mir ein Rätsel. Dass das Publikum nicht eingeladen wird, sondern sich Karten besorgen muss, dass die Besucher zum Zeitpunkt des Kartenkaufs gar nicht wissen konnten, was die Themen sein werden, geschweige denn, wer als Gast kommt, all das kann man wissen oder mit etwas Mühe recherchieren. Oder man könnte mir einfach glauben, wenn ich die Vorwürfe zurückweise und sage: Nein, so war es nicht. Aber manche Menschen glauben aus Prinzip keiner Antwort, wenn sie nicht so ausfällt, wie sie sie sich vorstellen. Genauso wie es offensichtlich manchen gefällt, einfach öffentlich Vorwürfe zu erheben, anstatt erst einmal herauszufinden, ob an jenen etwas dran sein könnte und wie etwas überhaupt funktioniert.

Ein anderes Beispiel für diese Tendenz, erst einmal heißzulaufen und dann nachzudenken, war mein Interview mit dem österreichischen Bundeskanzler Sebastian Kurz im ZDF-*Morgenmagazin* im Januar 2018, relativ kurz nach seiner Wahl. Direkt im Anschluss begann eine großflächige Diffamierungskampagne gegen mich und mein Team. Viele Kommentierer meinten, ich hätte Kurz zu kritisch befragt. Ich hätte respektvoller mit ihm umgehen sollen – immerhin sei er Bundeskanzler. Da schwang so etwas wie der Vorwurf der Majestätsbeleidigung mit. Diese Kritik rüttelte für mich am Wesen der offenen Gesellschaft, der Demokratie und Meinungsfreiheit. Abgesehen davon, dass es schon ulkig ist, dass ich den einen zu kiebig, den anderen zu brav gegenüber politischen Amtsinhabern bin: Ich habe als Journalistin die Pflicht, selbst Kanzlern nicht mit Ehrfurcht, sondern mit kritischer Distanz zu begegnen. Alles andere ist eher ein Kennzeichen regimetreuer, der Macht ergebener Staatsmedien – und das kann wirklich in niemandes Sinne sein.

Ich frage Sie: Nach welchen Maßstäben bewerten Sie ein Interview? Finden Sie ein Interview nur dann gut, wenn ich den in ihren Augen politischen »Gegner« in die Mangel nehme? Oder finden Sie es auch gut, wenn ich den Vertreter der von Ihnen gewählten Partei richtig auseinandernehme? Gibt es überhaupt eine neutrale harte Befragung in der Sache? Oder wird der Interviewer immer auch selbst als »Gegner« oder »Freund« des Befragten gesehen? Nach meiner Meinung sollte bei solchen Interviews jedenfalls die Art der Fragen nie meine eigene Meinung widerspiegeln. Und wenn es doch mal so ist, dann kennzeichne ich sie als meine Meinung.

Allein an diesem Beispiel wird deutlich, woran wir Journalisten noch mehr arbeiten müssen: Wir müssen für noch mehr Transparenz sorgen und unseren Job noch mehr erklären. Wie arbeiten wir? Warum stellen wir wem welche Frage? Wie wählen wir Themen aus? Alles fängt damit an, dass man dem Mythos der Objektivität entgegentritt. Ja – das was zählt, sind Fakten; der Inhalt; die Information. Aber allein die Einordnung der Fakten ist schon subjektiv, ebenso die Auswahl und die Gewichtung von Nachrichten. Journalisten sind Menschen, deshalb kann auf den ersten Blick keiner von uns hundertprozentig objektiv sein. Neutral: ja. Unabhängig: ja. Überparteilich: ja. Objektiv: schwierig.

Wir alle haben eine Prägung, wir alle haben eine Sozialisation hinter uns, wir alle leben in unseren kleinen Blasen – auch wir Journalisten. Unser Job ist es aber, sich das immer wieder vor Augen zu führen, sich seinen eigenen Vorurteilen zu stellen, sich selbst zu hinterfragen, den Perspektivwechsel zu wagen und Distanz zu wahren. So kann man das Höchstmaß an Objektivität erreichen.

Das wird schwierig, wenn man selber in die Schusslinie gerät. Chemnitz im September 2018 war nicht nur für die Republik, sondern auch für uns Journalisten ein einschneidendes Erlebnis. Der Hass, die Häme, die Ablehnung, die uns dort entgegenschlugen, waren enorm. Der ein oder andere Ellenbogen war da noch harmlos. »Du gehörst abgeschlachtet wie unsere Mädchen« und Ähnliches raunte man(n) mir zu. Frauen drückten ihre Abneigung eher durch Blicke aus oder indem sie vor uns auf die Straße spuckten. Gut, dass wir Begleitschutz dabei hatten – traurig, dass wir es mussten.

Zu meinem Selbstverständnis gehört es aber eben, die Komfortzone »Studio« zu verlassen und sich ein eigenes Bild zu verschaffen. Riechen, schmecken, anfassen, erleben, spüren, das geht am besten, wenn man vor Ort ist. Zuhören übrigens auch.

Selbst wenn das dann seinerseits wieder denunziert wird. Hört man einfach mal zu, dann heißt es, man hätte nichts entgegenzusetzen. Stellt man Fragen, heißt es, man höre nicht zu. Erklärt man etwas, heißt es, man wolle die Bürger erziehen. Redet man mit den Leuten, ist es falsch. Redet man nicht mit ihnen, ist es auch falsch. »Was wollen ›sie‹ eigentlich?«, fragte ich nach meinem Chemnitz-Trip auf Twitter. Jemand schrieb mir daraufhin eine Mail: »Wir wollen endlich ernstgenommen werden. Bei denen, die wirklich Interesse an einem Dialog haben, geht es um Ungerechtigkeiten. Um Aufmerksamkeit und Wertschätzung. Das ist nicht Ihre Aufgabe, sondern die der Politik, die sich nur noch um die Extreme kümmert. Und Sie, also die Journalisten, oftmals auch.« Ich fragte ihn vieles zurück, auch, wie er die Demo wahrgenommen habe; wie es um die Aufarbeitung der (NS)-Vergangenheit bestellt sei; was nach der Wende passiert sei; was den Osten immer noch vom Rest der Republik unterscheide. Denn ich als Pottkind maße mir nicht an, die »Ostseele«, wenn es so etwas pauschal überhaupt gibt, wirklich verstehen zu können. Die Antwort lautete: »Es gibt die Bürger, die nie gelernt haben, Demokratie und Rechtsstaatlichkeit in einem zu denken, die nie gelernt haben, ihr Glück selber in die Hand zu nehmen, die sich in ihrer Opferrolle nun suhlen, die zwischen Stolz und Minderwertigkeitskomplexen pendeln. Die sind laut, aber in der Minderheit. Hören Sie lieber den anderen zu. Dann kommen wir weiter! Und nennen sie die Dinge beim Namen.«

Genau das ist der Ansatz und Anspruch jedes Journalisten. Doch bei dieser Thematik ist es wirklich schwierig geworden. Selbst wenn ich differenziere, wie in meinem Tweet nach einer der Demonstrationen in Chemnitz: »stell dir vor: menschen zeigen den hitlergruß, machen jagd auf menschen und man darf sie nicht als ›rechte‹ oder gar ›neonazis‹ bezeichnen, weil es dann wieder heißt: ›das sind besorgte bürger. hört auf, sie in die rechte ecke zu stellen.‹ auch das ist #wirsindmehr #chemnitz«. Daraufhin hieß es in etlichen Kommentaren, ich stelle alle in die Nazi-Ecke. Nein, ich stelle Nazis in die Nazi-Ecke, und wer sich angesprochen fühlt, der sollte sich selbst hinterfragen.

So wie ich mich jeden Tag hinterfrage. Ob ich neutral berichtet habe. Ob ich meine Meinung gekennzeichnet habe. Ob ich etwas übersehen habe – und so weiter. Selbstreflexion ist eine schwierige Angelegenheit, beruflich wie privat. Aber nur, wer bei sich selber anfängt, kommt auch weiter. Und das wollen wir doch, oder?

Wer sich für den Beruf des Journalisten entscheidet, hat in der Regel einen Anspruch. Man möchte in und mit seiner Arbeit etwas bewegen. Man möchte sich der Wahrheit nähern, sie finden und aufdecken. Immerhin ist der gute, qualitativ hochwertige Journalismus auch ein Dienst am Staat und seinen Bürgern. Das kommt Ihnen jetzt vielleicht pathetisch und hochgestochen vor, doch ich sage trotzdem: Ohne einen qualitativ hochwertigen Journalismus, der umfangreich und sachlich korrekt informiert sowie die Meinungspluralität abdeckt, ist eine Gesellschaft, eine Demokratie, nicht funktionsfähig. (Auch das kennzeichne ich hiermit als meine Meinung.)

Das Problem ist nicht, dass es keinen qualitativ hochwertigen Journalismus gibt. Es gibt ihn sehr wohl. Das Problem ist, dass viele Menschen kaum Zeit haben, sich intensiv mit ihm zu beschäftigen. All diese Informationen und Meinungen aufzunehmen, zu verarbeiten und anschließend eigene Schlüsse daraus zu ziehen, erfordert nicht nur ein gewisses Maß an Aufnahmefähigkeit, sondern auch Aufwand, Zeit und Muße. Die Welt ist verdammt kompliziert, man muss sich richtig Mühe geben, um Dinge auch nur ansatzweise zu verstehen und komplexe Sachverhalte zu durchdringen. Viele Menschen streben aber nach Einfachheit: nach einfachen Antworten, einfachen Lösungen. Die Politiker und die Medien, die dies anbieten, haben bei denen natürlich bessere Karten.

Aber ich gehe davon aus, dass wir Menschen uns im Grunde doch unsere Meinung lieber selber bilden und dass wir versuchen, das Ganze zu sehen und nicht nur einen Teil davon. Viele fordern dies sogar lautstark ein, indem sie von uns Journalisten die Bereitstellung von Informationen und Zusammenhängen verlangen, die nötig sind, um sich darauf aufbauend ein eigenes Bild zu machen. Dafür müssen diese aber transparent dargeboten werden. Glaubwürdigkeit ist ein hohes Gut, sowohl in der Politik als auch im Journalismus. Sie ist leicht verspielt und nur schwer wiederzuerlangen.

Wir Journalisten übernehmen Verantwortung in dem Moment, wenn wir auf ENTER drücken und einen Beitrag ins Netz stellen, wenn das rote Licht für die Aufnahme angeht, wenn wir ein Interview führen oder wenn wir plötzlich selbst zur Nachricht werden. Schon wenn wir ungeprüft eine Pressemeldung weiterleiten oder für eine Geschichte den passenden Gesprächspartner suchen, übernehmen wir Verantwortung für die Folgen dieser Handlungen. In Zeiten, in denen für immer mehr Menschen – gerade für junge Leute – Facebook die Tageszeitung und YouTube den Fernseher ersetzen, müssen wir mit sauberen Inhalten auch diese Kanäle bespielen. Ein wichtiger Teil der Verantwortung liegt eben im Offenlegen, wie man zu bestimmten Schlüssen kommt, auf welchen Daten sie beruhen.

Unser Beruf ist so vielfältig wie unsere Presselandschaft. Und ich sage: Solange wir es schaffen, diese Medienlandschaft am Laufen zu halten, ist für das Land und seine Leute schon mal einiges getan – auch in Zukunft.

Mitmachen statt Jammern – denn wir sind der Staat!

Viele unserer neuerdings so wirkungsmächtigen »Wutbürger« haben eher diffuse Ängste als reale Probleme. Doch selbst wenn man eine harte Zeit durchmacht, sollte man seine Energie eher darauf verwenden, zu versuchen, ganz konkret etwas im Leben zum Guten zu ändern. Das geht sicher nicht von heute auf morgen und eben nicht durch lautstark demonstrierte Dauerwut, selbst wenn die einem irgendwie das Gefühl gibt, inmitten einer Gemeinschaft zu stehen oder gar für eine gemeinsame Sache zu kämpfen, etwa für eine »Heimat«, die keine Veränderung erfahren darf, die im Moment oder gar in der Vergangenheit verharren soll. Das ist kein Kampf *für* etwas, zumindest nicht für etwas Konstruktives, sondern ein Kampf *gegen* etwas: gegen den Islam, gegen Überfremdung, gegen Veränderung, gegen die Regierung. Gegen alles, was einem über den Kopf wächst und was man nicht mehr verstehen will.

Dass es soziale Probleme in diesem ansonsten eigentlich

funktionierenden Deutschland gibt, ist kein Grund, arm gegen ärmer auszuspielen. Es rechtfertigt keine pauschale Fremdenfeindlichkeit. Man erreicht damit auch nichts für sich selbst. Man gewinnt nichts und die Unzufriedenheit bleibt. Gegen etwas zu sein ist kein Lebensziel, man erreicht im Leben nichts, wenn man nicht konkret auf etwas hinarbeitet. Aus Frust nur gegen etwas zu sein ist keine Lösung, sondern erzeugt nur noch mehr Frust. Etwas oder jemanden nicht zu mögen, ist an sich in Ordnung. Ich mag auch nicht alles und alle. Dennoch, konstruktiv dazu beizutragen, dass ein Gemeinwesen ein »running system« bleibt, anstatt es nur zu attackieren, ohne einen Plan B zu haben, darauf kommt es an.

Womit wir leider mal wieder bei der AfD wären. Denn bisher konnte ich nicht erkennen, dass diese Partei wirklich frische, geschweige denn konstruktive Impulse in die Parlamente eingebracht hätte. Sie spiegelt dort eher das Verhalten eines Teils ihrer Anhänger: Immer schön »anti« sein und provozieren. Deshalb kann ich nicht verstehen, wenn Leute sagen: Ich erwarte von denen gar nichts, die haben keine Lösungen, aber egal, ich wähle die trotzdem. Okay, jeder wie er will, aber würde es nicht anstelle dieser seltsamen Passivität eher helfen, wenn sich von diesen Bürgern nicht nur einige, sondern alle selbst aktiv engagierten? Das ist natürlich anstrengend, es frisst Zeit und ist nicht frei von Frustrationen. Aber nur Protestwählen halte ich für ein seltsames Demokratieverständnis. Denn klar ist doch: Wir wählen idealerweise Vertreter aus unserer Mitte, die aktiv unsere Interessen vertreten, und nicht welche, an die wir dann gar keine Erwartungen haben, dass sie tatsächlich etwas tun. Wir brauchen doch Parlamentarier, die das Miteinander organisieren, Regeln festlegen, das Funktionieren der Gemeinschaft und des Staates gewährleisten.

Der parlamentarisch organisierte und kontrollierte Staat ist die Organisationsform der Gesellschaft, mitsamt seinen Behörden, Verwaltungen, Schulen, Universitäten, Finanzämtern, Gerichten und was sonst noch dazugehört. Wir als Wähler nehmen durch unsere Kreuze auf den Wahlzetteln Einfluss aufs Geschehen, somit ist es auch die Gesellschaft selbst, die das alles gestaltet, also wir alle. Der Souverän in Deutschland ist noch immer das Volk, nicht das Parlament. Das Parlament arbeitet im Auftrag des Souveräns. Der Staat ist kein abstraktes Wesen, weder als Gesellschaftsform noch als Organisationsform, er kommt nicht aus dem Nichts und thront unveränderbar wie eine böse Spinne über uns, auch wenn dies manchem so scheinen mag. Wir können und müssen aktiv Einfluss auf seine Gestaltung nehmen.

Allerdings wäre es in dem Zusammenhang auch nicht schlecht, wenn von der Politik echte, wahrhaftige, nachhaltige, ehrliche und nachvollziehbare Vorschläge und Angebote kämen, wie das alles zu wuppen wäre. Das gilt selbst dann, wenn sich einige Bürger und das Staatswesen – also die von eben jenen Bürgern mit der Organisation beauftragten Politiker sowie die von diesen installierte Verwaltung – einander fremd geworden sind, wie es offenbar zunehmend der Fall zu sein scheint. Jedenfalls erweckt die hohe Politik dadurch, dass sie zu oft keine tragenden Lösungen anbieten kann, den Eindruck, sie bringe sich vor den Bürgern in Deckung und verschanze sich hinter einem Zaun von Institutionen.

Jeder von uns ist gefragt. Ich bin mir nicht sicher, ob uns allen klar ist, dass jeder Einzelne von uns einen Unterschied machen kann und Verantwortung trägt für das, was in diesem Land passiert. Ein starker Staat ist das eine, eine starke Zivilgesellschaft das andere. Der Staat allein kann nicht alles richten. Und die Medien sind auch nicht Schuld an dem, über das sie lediglich berichten. Wir müssen uns alle angesprochen fühlen, alle mitmachen.

Heimat bauen

Gerade in Zeiten, in denen Propagandisten den Leuten weismachen wollen, sie würden belogen und betrogen, in denen Populisten Fake-News benutzen, um die Menschen zu verunsichern, muss man den Dialog miteinander gut organisieren und engagiert und, ja, auch leidenschaftlich führen. Denn auch diese Form von Dialog ist Heimat-Building. Das sage ich als Journalistin und als Bürgerin dieses Landes. Heimat ist der Fixpunkt, um den sich für mich alles dreht. Heimat ist aber auch ein Synonym für eine sich als Gemeinschaft verstehende Gesellschaft. Ganz konkret heißt das: Antworten finden. Menschen überzeugen. Politik machen. Niemand von uns hat die Weisheit mit Löffeln gefressen, jeder muss für sich entscheiden, ob er sich einbringt, ob er sich engagiert, ob er seine Stimme erhebt, ob er versucht, mitzugestalten.

Engagement – in welcher Form auch immer – ist eine Bereicherung. Man lernt Menschen kennen, neue Perspektiven, neue Geschichten, es bildet sich Neues wie Freundschaften oder Nachbarschaftsinitiativen. Man entwickelt sich und man trifft natürlich auch auf Vertrautes. Das Beste daran: Es fühlt sich nicht nur gut an, sondern man kann die Veränderungen auch direkt sehen und als positive Veränderungen miterleben. Durch das Mitgestalten kann man seine Angst vor der Veränderung verlieren.

Der Mensch kann am besten in Gemeinschaft mit anderen Großes bewegen. Mit eigenbrötlerischer Abgrenzung lässt sich wenig gewinnen. Natürlich gibt es unterschiedliche Formen von Nähe zu den Mitmenschen: Die kleinste

Einheit menschlichen Zusammenseins ist die enge Familie, es folgen die engere und die etwas weitere Verwandtschaft, dann der Clan, der Freundeskreis, die Gemeinde oder der Kiez, die Stadt, die Region, das Land. Irgendwann käme man so zu Europa und schließlich der ganzen Welt. Verbindungen und Gemeinschaften entstehen aber auch über Gewerkschaften, Interessengruppen, Bürgerinitiativen, Parteien und viele lockere Bündnisse, zu denen sich Gleichgesinnte zusammenschließen.

Bündnisse entstehen nicht zuletzt, indem Internetpetitionen unterschrieben oder Likes unter Social-Media-Äußerungen vergeben werden. Inwieweit man sich gründlich informiert hat, bevor man unterschrieben oder gelikt hat, oder ob man eher den Schlagworten der Initiatoren und seinem Gefühl gefolgt ist, sei dahingestellt. Sich an Petitionen bei den einschlägigen Onlineanbietern wie change.org oder campact zu beteiligen ist jedenfalls enorm einfach. Von den 9000 bei openPetition gestarteten Petitionen sind beispielsweise gerade einmal rund 120 bisher als erfolgreich gewertet worden. Hinzu kommt, dass sich die Adressaten mit dem Begehren der Petitionen gar nicht auseinandersetzen müssen. Dazu verpflichtet, sich mit Petitionen zu beschäftigen, die sich an ihn richten, ist nur der Bundestag.

Andere Möglichkeiten, Veränderungen mitzugestalten, die dann aber echten Einsatz zumindest von einer Kernmannschaft fordern, sind die Europäische Bürgerinitiative oder das Volksbegehren beziehungsweise der Volksentscheid. Letztere sind gerade in Berlin sehr beliebt und haben auch spektakuläre Erfolge gebracht. So wurde das Gelände des ehemaligen Flughafens Tempelhof so erhalten, wie man es heute vorfindet, unter anderem mit weitläufigen Grünflächen zur Erholung, Plätzen für sportliche Aktivitäten und Vogelbrutschutzgebieten. Es herrscht ein komplettes Bauverbot. Selbst um dort ein Containerdorf für Geflüchtete bauen zu können, musste das per Volksentscheid durchgesetzte »Tempelhof-Gesetz« geändert werden. Es steht heute als eines der positiven Beispiele für eine vom Volk ausgehende Demokratie.

Der Volksentscheid Fahrrad, der sich ebenfalls in Berlin gebildet hatte und dessen Ziel es war, die Stadt zu einer Fahrradstadt umzubauen und den Autoverkehr zurückzudrängen, wurde von den meisten Berlinern unterstützt. Es drohte eine erneute Niederlage der etablierten Berliner Politik. Bevor die Initiative jedoch ihre rigorosen Vorstellungen durchsetzen konnte, entwickelte der Berliner Senat schnell sein eigenes Konzept, das jetzt Gesetz ist. Die meisten Vorstellungen der Initiative Volksentscheid Fahrrad wurden dabei übernommen.

Leider zeigt die Erfahrung, dass den meisten erst auffällt, dass sich etwas verändern wird, wenn es bereits kurz vor zwölf oder tatsächlich zu spät ist. So war es zum Beispiel beim neuen europäischen Urheberrecht. Zwei Artikel darin würden die Meinungsfreiheit im Internet massiv einschränken, wenn das Gesetz in Kraft treten würde. Erst als der Rechtsausschuss des EU-Parlaments das Urheberrecht im Juni 2018 abnickte, wurde einigen klar, was da eigentlich gerade passiert. Es wurde eine Petition aus dem Boden gestampft, zugleich protestierten Verbände und Interessengruppen. Mit Erfolg: Das Plenum des EU-Parlaments stoppte das neue Urheberrecht vorerst. Geht doch.

Wie oft höre ich den Satz: »Auf uns hört doch eh niemand, was können wir schon bewegen?« Na ja, wer sich nicht bewegt, der bewegt halt auch nichts. Eine meiner besten Freundinnen wohnt bei mir ums Eck und hat sich bewegt. Und das, obwohl sie ohnehin schon überdurchschnittlich viel arbeitet, beruflich extrem eingebunden ist und kaum

Zeit für sich selbst hat. Aber es ging um ihr Zuhause. Das Wohnhaus, indem sie seit knapp zwanzig Jahren lebt, sollte an einen Spekulanten verkauft werden. Zu dem Zeitpunkt, als ihr der Kragen platzte, war sie weder politisch aktiv, noch kannte sie die »richtigen« Politiker. Doch sie hat sich in alles reingefuchst, hat Kontakte geknüpft, ist allen auf die Nerven gegangen, und mit vereinten Kräften der Nachbarn hat sie am Ende gewonnen. Das Haus wurde von der landeseigenen Wohnungsbaugesellschaft, also dem Land Berlin, gekauft und bleibt somit erhalten. Das alles war zeitintensiv, anstrengend, frustrierend, es gab zwischendurch Rückschläge, aber es hat sich letztlich gelohnt. Und was glauben Sie, was das für ein Gefühl ist, wenn man auf diese Weise etwas gemeinsam erreicht hat?

Interessen müssen verhandelt werden. Es kann nicht jeder als Gewinner vom Platz gehen, aber man kann die Zahl der Verlierer ebenso wie den Verlust selbst reduzieren und die Interessen ausgleichen. Damit das auch funktioniert, braucht es einmal mehr Regeln. Regeln, die verhindern, dass die Starken nur ihre Interessen durchsetzen und die Schwachen dadurch letztendlich auf der Strecke bleiben. Die Starken, die Vermögenden und Reichen verlieren nichts Wesentliches, wenn sie etwas abgeben müssen. Sie haben dann nur etwas weniger Reichtum, den sie, ihre Familien und Erben alleine ohnehin nicht verbrauchen können. Vielleicht müssen sie auf mittlere oder lange Sicht auch gar nichts abgeben, denn wenn die Schwachen bessergestellt werden und mehr Geld verdienen, können sie auch mehr davon ausgeben. Dadurch können wiederum weitere Menschen Geschäfte eröffnen oder Dienstleistungen anbieten und mehr Menschen haben Arbeit und Geld.

Als ich Kind war, war es etwas Besonderes, auswärts zu essen oder ins Café zu gehen. Die Kumpel, Malocher und einfachen Angestellten nahmen sich ihr Mittagessen mit zur Schicht oder der Vater kam, wenn er einen Job hatte, der das erlaubte, zum Mittagessen nach Hause. Heute geht man ständig irgendwo hin: Frühstück, Brunch, Mittagstisch, Power-Lunch, eine Latte hier, einen New-York-Cheesecake dort. Das hat bei aller Nostalgie auch schlagende Vorteile. Die Gastronomie ist eine der am stärksten boomenden Wirtschaftszweige in Deutschland. Ständig eröffnet an irgendeiner Ecke ein Laden. Ständig gibt es irgendwo ein Fest, für das Catering benötigt wird. Und überall werden Mitarbeiter gesucht, nicht nur saisonal eingestellte Bedienungen in den Sommerbiergärten, nein, auch Fachkräfte in teuren Restaurants. Nicht zuletzt hat dieser Boom dazu geführt, dass mehr und mehr Menschen mit einst als exotisch geltenden Küchen vertraut werden. Nach »dem« Italiener oder Chinesen, besucht »der« Deutsche längst auch afghanische, koreanische oder syrische Restaurants – und lernt neben den Gerichten vielleicht ganz nebenbei Menschen kennen, die aus den jeweiligen Ländern kommen. Auch Toleranz kann durch den Magen gehen.

Intoleranz und Abgrenzung hingegen schlagen auf den Magen, nicht nur mir. Deshalb will ich noch einmal klarstellen, dass derzeit nicht weniger auf dem Spiel steht als gesellschaftliche Errungenschaften der letzten Jahrzehnte, die sichergestellt haben, dass wir hier friedlich miteinander leben, die gleichsam unsere politische Heimat verkörpert haben. Die sogenannte Gnade der späten Geburt bringt nun mal auch Verantwortung für die Bewahrung dieses Gemeinwesens mit sich – ebenso wie Verantwortung für die deutsche Geschichte, die in diesem Land die Form einer weltweit geachteten Erinnerungskultur annehmen konnte. Diesen wertvollen Umgang muss man schützen vor AfD-Hetzern wie Björn Höcke, die ihn als »Schuldkult« verunglimpfen.

Frieden und Freiheit fällt uns nicht auf Dauer in den Schoß. Wenn uns das bewusst wird, dann müsste auch klar sein, dass die selbsternannten Heimatbeschützer gefährlicher sind, als es den Anschein hat. Niemand will ihnen ihre Heimat wegnehmen, aber sie wollen allein darüber entscheiden, wie unser aller Heimat auszusehen hat. Doch meine Heimat ist nicht die Heimat der Heimatschützer vom rechten Rand – auch wenn wir im selben Land wohnen. Wie auch? Denn:

Meine Heimat ist Freiheit!

Meine Heimat ist Demokratie!

Meine Heimat ist das Grundgesetz!

Meine Heimat hält die Würde des Menschen für unantastbar. Und nicht nur die des deutschen Menschen.

Herzensbildung

Wenn alle unser Grundgesetz einmal lesen und dann auch leben würden, Alt- wie Neubürger, hätten wir viele Probleme nicht. Ja, richtig: lesen! Das wäre der erste Schritt. Die meisten wissen gar nicht, was drinsteht. Schwer zu verstehen ist es auch nicht, das gilt zumindest für die wesentlichen Artikel 1 bis 19, die die Grundrechte darstellen. Da steht alles, was ein gutes Zusammenleben braucht. Mehr ist eigentlich nicht notwendig. Das Grundgesetz ist eine Betriebsanleitung für uns als Gesellschaft. Dort steht zum Beispiel, dass die Würde des Menschen unantastbar ist, jeder das Recht auf freie Entfaltung seiner Persönlichkeit hat, Männer und Frauen gleichberechtigt sind, die Freiheit des Glaubens, also die Religionsfreiheit garantiert ist, ebenso die Meinungsfreiheit. Ehe und Familie werden geschützt, auch die Versammlungsfreiheit und die Freiheit, Vereine und Gesellschaften zu gründen, seinen Beruf zu wählen, wie man will, und sich innerhalb des Bundesgebiets niederzulassen, wo man möchte. Im Grunde schützen, erlauben und garantieren diese Grundrechte alles Mögliche, solange man niemand anderem mit seinem Verhalten schadet. Auch das Recht auf Asyl für Verfolgte wird hier garantiert.

Das Grundgesetz ist die Grundlage unserer nationalen Identität. Und deshalb kann man selbst im Grundgesetz beheimatet sein. Der Soziologe, Politiker und Publizist Ralf Dahrendorf hat das als Verfassungspatriotismus bezeichnet. Man kann also stolz sein auf seine Gesetze und seine staatlichen Institutionen. Und warum auch nicht?

Bei allen Worten, die man lesen, verstehen und leben kann, bei all der Bildung, die man in Deutschland bekommen kann, darf allerdings eines nicht fehlen: die Herzensbildung. Falls das kitschig klingen sollte, lebe ich gerne damit. Sie ist die leichteste und schwierigste Bildung zugleich. Leicht, weil sie uns mit in die Wiege gelegt wurde. Oder glaubt jemand, dass Kinder irgendeine Abneigung hegen in Bezug etwa auf Herkunft, Religion, Hautfarbe? Schwierig, weil wir oft in unserem Kosmos gefangen sind, uns zu Egoisten entwickeln und auf Selbstoptimierung getrimmt werden.

Ich glaube, meine Herzensbildung ist vor allen Dingen auch durch das Reisen vertieft worden. Ich hatte Glück, dass meine Eltern uns und mir es ermöglicht haben, von Kindesbeinen an zuzusehen, wie meine eigene Familie im Irak in drei Kriegen gelebt und überlebt hat. Ich war an schrecklichen Orten, ich war an schönen Orten. Ich war in den wildesten Großstädten und den entlegensten und ärmsten Dörfern, die ich mir überhaupt vorstellen kann. Und doch, was ich gesehen habe, ist nur ein Bruchteil dessen, was wirklich auf unserem Planeten an Vielfalt existiert. Wenn ich von meinen Reisen zurückkomme, freue ich mich, wie viele andere auch, erst einmal auf mein eigenes Bett. Aber je nachdem, wo ich war, sind es oft auch ganz einfache, aber essenzielle Dinge wie Strom, fließend Wasser, relative Sicherheit, worauf ich mich freue. Und was ich als Gepäck mit zurückgebracht habe, kann mir keiner nehmen: prägende Erfahrungen, Eindrücke anderer Lebensweisen und Kulturen. Und das alles durch Menschen, die einen in ihre Welt lassen, und sei sie noch so arm. Oftmals war es sogar so, dass die Ärmsten auf eine gewisse Art die Reichsten waren: reich an Gastfreundschaft, an Offenheit, an Neugierde.

Ich weiß noch, wie mein Vater mit mir von Bagdad nach Mossul gefahren ist. Meine Mutter war stocksauer, denn sie wollte, dass wir bei der Familie in Bagdad bleiben. Aber er wollte mir unbedingt sein Geburtshaus zeigen. Als wir davorstanden, kam die Familie heraus, die mittlerweile dort lebte. Sie war verängstigt oder zumindest irritiert, weil ich als Mädchen mit meinen kurzen Hosen wie ein Fremdkörper auf sie wirkte. Aber noch bevor sie etwas sagen konnten, brabbelte ich schon drauflos und versuchte zu erklären, dass dies einmal das Haus meines Papas war. So schnell konnte ich gar nicht gucken, wie wir plötzlich drinnen bei Tee und Baklava saßen. Dass wir nicht bei ihnen übernachten wollten, war ihnen völlig unverständlich. Mir war zu dem Zeitpunkt hingegen unverständlich, wie man wildfremden Menschen ein Bett in seinen eigenen geschützten vier Wänden anbieten konnte. Heute weiß ich es: aufgrund von Herzensbildung.

Demokratie bewahren

Das Grundgesetz, die Zehn Gebote und eine gute Kinderstube samt Herzensbildung – diese Kombination ist unschlagbar. Drei Säulen, die uns als Individuen, aber auch als Gemeinschaft konstituieren können. Eine gute Grundlage für jede Demokratie.

»Demokratie«, so Winston Churchill einst in einer Rede im Unterhaus am 11. November 1947, »ist die schlechteste aller Regierungsformen, mit der alleinigen Ausnahme aller anderen Regierungsformen, die von Zeit zu Zeit ausprobiert worden sind.«[7]

Demokratie heißt nicht, dass jeder bekommt, was er will. Demokratie heißt auch aktive Bürgerbeteiligung. Das ist anstrengend, das ist mühsam, das dauert, aber es geht. Demokratie heißt, dass wir Volksvertreter wählen, die wir auch wieder abwählen können. Die parlamentarische Demokratie ist die einzige Staatsform, die wir kennen, in der wir unfähige Politiker alle paar Jahre unblutig loswerden können, indem wir sie schlicht abwählen. Und Eliten, wer auch immer dazu zählt, sind gemeinhin nicht der Fluch eines Landes, sondern Teil des Ganzen und sorgen nicht unwesentlich für Wohlstand und Arbeitsplätze. (Ausnahmen wie die Chefs von VW und Audi bestätigen hier eher die Regel.)

Eins ist klar: Möchte man dazugehören, eine bedeutende Rolle in der Gemeinschaft spielen, ist es nie eine gute Idee, die anderen zu beleidigen, ihnen Gewalt anzudrohen oder gar anzutun, sie zu entwerten, sie klein zu machen. Das führt nur zu einer Abwehrhaltung, und der Dialog ist beendet, bevor er begonnen hat. So zu agieren ist lediglich ein Zeichen von Hilflosigkeit, und das gilt für gewaltbereite Linksautonome genauso wie für die Gröler vom rechten Rand.

Doch genau dieses Abgrenzungsdenken eint längst weltweit prominente Vertreter der politischen Kaste wie Viktor Orbán, Donald Trump, Recep Tayyip Erdoğan oder Jarosław Kaczyński. All diese Männer spielen immer wieder dieselbe Trumpfkarte aus: »Wir gegen die anderen.« Sie legen fest, wer das Volk ist, und nur wer dazugehört, wird auch beschützt. Das solchermaßen definierte Volk steht über allem, selbst über der Verfassung. Es gilt: Erst wenn wir richtig satt sind, können wir auch denen etwas abgeben, die Hunger haben, falls wir dann noch Lust darauf haben. Wir entscheiden, was gut für alle ist.

Aber das ist genau nicht die eigentliche Idee von Demokratie. Demokratie ist der Wettbewerb um die besten Ideen, an dessen Ende die Mehrheitsmeinung entscheidet, ohne die Minderheit zu benachteiligen oder zu vernichten.

Wir gehen viel zu selbstverständlich davon aus, dass das mit der Demokratie, mit unseren Freiheitsrechten in diesem Land einfach so weitergeht. Ich halte das für fahrlässig. Wir müssen uns klarmachen, dass wir zum Erhalt dieser Errungenschaften beitragen müssen, dass dies in unser aller Verantwortung liegt, und wir müssen unser Bekenntnis zu diesen Rechten stetig erneuern. Es ist wichtig, dass wir uns jeden Tag daran erinnern, dass Demokratie kein Selbstbedienungsladen und keine Selbstverständlichkeit ist. Dass es etwas zu verteidigen gibt, was wir Jahrzehnte für gegeben hielten. Unser Grundgesetz ist eine Bedienungsanleitung für das friedliche und glückliche Zusammenleben aller Menschen in diesem Land. Es gilt ausnahmslos – für alle.

Meinung und Haltung

Manchmal frage ich mich: Habe ich etwas übersehen? Ist am neuen, von mir als übersteigert beziehungsweise übertrieben empfundenen Rechtskonservativismus möglicherweise etwas dran? Liefert er etwa doch die Antworten auf die Herausforderungen unserer Epoche? Haben die Rechtspopulisten vielleicht doch ein paar Lösungen?

Ja, einfache Lösungen für komplexe Probleme haben sie, keine Frage. Sie sind einfach und daher verlockend. Die Welt soll draußen bleiben, wir konzentrieren uns wieder auf unsere Heimatscholle, so in etwa. Es wäre zwar schön, wenn alles so einfach wäre, die Realität ist dummerweise aber eine andere. Wir sind mit der Welt vernetzt und die Welt mit uns, im Guten wie im Bösen. Wohin sollen wir denn jetzt wieder zurück, anstatt weiter den Weg der Vernetzung und des Pluralismus zu gehen? Denn die Alternative kann ja nur Nationalismus und Abschottung heißen. Doch die sind nicht die zukunftssichernden Antworten auf die Herausforderungen der modernen Welt. Globalisierung oder Digitalisierung rückgängig machen, das funktioniert nicht. Alles hängt inzwischen mit allem zusammen, auch wenn man – das gebe ich zu – die Zusammenhänge nicht mehr ohne Weiteres überblickt und sich auch selbst durchaus in haltlose Thesen verrennen kann. Sich das einzugestehen heißt nicht, sich aufzugeben und sofort seine Meinung zu ändern, könnte aber genau diese Nebenwirkungen haben. Das ist das Risiko dabei. Man kann, darf und manchmal sollte und muss man seine Meinung sogar ändern. Das ist legitim – und man verrät sich dadurch auch nicht.

Ich überprüfe in Anbetracht neuer Entwicklungen und neuer Tatsachen auch immer wieder meine Meinung. Menschen ändern sich, Situationen, Rahmenbedingungen. Meinungsbildung ist ein fortlaufender Synchronisationsprozess, der Offenheit, Toleranz und Kompromissbereitschaft bedeutet, ebenso wie die Fähigkeit, auch mal zurückzustecken. Das klappt mal besser, mal schlechter, und wenn es gar nicht klappt, sollte man das mit der eigenen Meinung auch mal bleiben lassen. Glauben Sie mir: Ich habe das durchgemacht, und es ist in Ordnung, auch mal nur zu sich zu stehen.

Aber es ist nicht in Ordnung, mit Schaum vor dem Mund pauschal Gruppen auszugrenzen, weil man sich selber ausgegrenzt fühlt. Es ist nicht in Ordnung, politisch Andersdenkende als blind, dumm, dämlich, Merkel-Jünger, linksgrün-versifft, Gutmenschen, Verräter oder Schwachköpfe, denen auch bald noch die Augen aufgehen werden, hinzustellen, wie es am rechten Rand gerne getan wird. Genauso unerträglich ist es, wenn selbsternannte Linksautonome dem Staat und allem, was er an Regeln und Institutionen zu bieten hat, aus purer Wonne an der Obstruktion ständig ans Bein pinkeln und das auch noch für cool halten. Paradox ist das unter anderem deshalb, weil all diese Leute andere so behandeln, wie sie selbst nicht behandelt werden wollen: verachtend, ausgrenzend, erniedrigend, beleidigend. Trotz ihrer Beschimpfungen wollen sie, dass man ihnen zuhört, dass man sie ernst nimmt. Was sie allerdings nicht wollen, ist ein Diskurs. Denn in Wahrheit zählt nur ihre Wahrheit.

Es gibt halt auch mehr als nur die eine Wahrheit. Ich kann die Werte, die Errungenschaften unseres Landes bewahren und schützen wollen und gleichzeitig Veränderung und Vielfalt zulassen. Ich kann Hausbesetzer gut verstehen, die gegen den Mietenwahnsinn protestieren, und gleichzeitig Polizisten verstehen, die da rein müssen, um die Hausbesetzer rauszuholen. Ich kann Menschen in Not helfen und mich somit nicht nur an Gesetze halten, sondern auch meinem inneren Kompass der Humanität folgen, gleichzeitig kann ich sagen, dass wir nicht alle aufnehmen können und dass wir auch abschieben müssen, und zwar die Richtigen. Was ich nicht verstehen kann, ist Gewalt, egal von wem.

Ich wünsche mir Offenheit. Auch Offenheit dafür, sich mal zusammenzureißen. Mal nicht sofort zu sagen, was einem durch den Kopf schießt. Sein Gegenüber nicht zu unterbrechen, weil es einen sowieso nicht interessiert, was er denkt, sondern es nur darum geht, jemand anderem die eigene Meinung aufzuzwingen. Offenheit heißt auch, die Fakten auf den Tisch zu legen, alles zu sammeln, was man bereits weiß, und weitere Informationen zu besorgen, die man benötigt, um eine Entscheidung zu treffen. Dann bildet man sich eine Meinung und handelt entsprechend.

Aber man muss auch in sich gehen, in sich hineinhören können. Denn ein Kompass, der hilft, eine Entscheidung zu treffen, ist die eigene Haltung, die man ganz generell einnimmt, die Grundeinstellung, die das eigene Denken und Handeln prägt. Meist ist sie ethisch oder moralisch begründet und speist sich aus philosophischen Überlegungen, einer Religion oder deren bewusst gewählter Abwesenheit. Sie drückt ein größeres Gut aus, das alle anderen Entscheidungen leitet.

Eine Haltung ist meine grundsätzliche Sicht auf die Dinge. Für mich ist sie mein Geländer, wie Hans Leyendecker von der *Süddeutschen Zeitung* es einmal treffend gesagt hat.[8] Das Geländer beschreibt er als Hilfe, kritisch auf sich selbst zu sehen, damit man nicht alle Fehler macht, die man machen könnte. (Das verhindert aber nicht, und da bin ich ganz bei ihm, dass man dennoch Fehler macht.) Ich glaube, es ist wichtiger denn je, dass Journalisten – aber auch Medienhäuser – sich klar bekennen zu Pluralität und Humanismus und gegen Rassismus. Und wem das nicht passt, der kann gerne mein Geländer runterrutschen.

Sie dürfen dabei Haltung nicht mit Parteilichkeit verwechseln. Ich habe meinen eigenen Kopf, ich habe Überzeugungen, ich lebe nach einem Werteprinzip, das sich an Gerechtigkeit und Respekt orientiert. Grundsätzlich halte ich es mit Immanuel Kant: Meine Freiheit endet dort, wo die Freiheit des anderen beginnt.

Offenheit ist eine Haltung. Sich gegen etwas zu stellen, weil man davon überzeugt ist, dass es das Richtige ist, egal wie stark der Gegenwind tobt, ist Haltung. Sich einmischen ist Haltung. Kurs halten ist Haltung. Höflich sein ist Haltung. Es gibt eine rechte wie eine linke Haltung, und ja, es gibt sogar menschenverachtende Haltungen, so wenig ich die auch begrüßenswert finde. Meist sind es allerdings ohnehin die humanistisch Geprägten, die Haltung einfordern, wahrscheinlich, weil Haltung mit Rückgrat zu tun hat, und das fehlt allzu oft auf der Seite der Hater, die lieber von »Gesinnung« sprechen.

Haltung und Rückgrat haben auch etwas mit Anstand zu tun. Es gibt grundsätzliche Regeln des Miteinanders. Werden sie missachtet, kann man jemandem schon mal eine Haltung absprechen, weil es dann nicht mehr um Haltung geht, sondern um Trotz, Prinzipienreiterei oder auch Provokation.

Ich halte es für wichtig, für Werte einzustehen, sie aktiv zu vertreten und zu verteidigen. Auch, weil das weltoffene Deutschland für mich Heimat ist. Meine Heimat. Die Vereinnahmung der Heimat vom rechtsnationalen Spektrum dürfen wir nicht zulassen.

Aber so komisch es sich anhört, deren Heimat ist letztlich auch unsere, deshalb müssen wir hier irgendwie zusammenkommen, nebeneinander, miteinander. Jeder darf seine Heimat haben – ja klar, unbedingt –, aber sie gehört eben keinem exklusiv. Man muss bereit sein, seine Heimat zu teilen. Zulassen, dass andere ebenfalls dort eine Heimat finden. Und vielleicht entsteht aus dieser Öffnung ja sogar etwas Positives – und zwar für alle.

Politik

Eine Hilfe dabei könnten uns unsere Parteien und Politiker sein. Momentan sind sie das oft genug nicht – sie können irgendwie nicht aus ihrer Haut. Sie denken häufig in erster Linie an sich und ihre Partei sowie an ein ominöses, als homogen erachtetes Wahlvolk, das es so nicht gibt. Diese falsche Priorisierung hat auch damit zu tun, dass Politik selten über das Heute beziehungsweise die aktuelle Legislaturperiode hinausdenkt. Dabei wäre eine langfristige Strategie wichtiger denn je: eine, die den (tatsächlich) »Abgehängten« eine Zukunft gibt; eine, die den Klimaveränderungen Rechnung trägt; oder eine, die unser Bildungs-, Pflege- oder Rentensystem zukunftsfähig macht. Und politisch Verantwortliche, die eben auch ein belastbares Konzept entwickeln, wie eine mehr und mehr durch Migration geprägte Gesellschaft aussehen könnte.

Leider kann man als politische Beobachterin den Eindruck gewinnen, die etablierte Politik habe andere Prioritäten: Es geht um Macht und Posten, um Eifersucht, um Eitelkeiten, um Verrat und Undank, Charakterschwächen und Rangeleien. Vielleicht ist auch das ein Zeichen für lebendige Demokratie. Vielleicht erkennen wir Außenstehende erst hinterher, wofür so mancher – zumindest auf den ersten Blick sachfremder und nicht zielführender – Zinnober gut war. Aber dann wäre ich wirklich dankbar, wenn uns das auch erklärt und vermittelt würde. Denn Politikverdrossenheit ist Schlagwort und Realität in einem.

Ich habe zuallererst Respekt dafür, was sich Politiker nicht zuletzt auch zumuten mit ihrer Berufswahl: Sehr harte Arbeit für vergleichsweise wenig Geld und meist sehr geringe Würdigung.

Und »die« Politik kann eben auch verlangen, mindestens erwarten, dass die aufgeklärten Kräfte in diesem Land selbst ein bisschen mehr Energie reinstecken in die Revitalisierung der Demokratie und nicht alles »denen da oben« überlassen. Es reicht eben nicht, seine Latte endlich aus Mehrweg-To-Go-Bechern zu trinken und sich nach der erfolgreichen Einschränkung von Plastiktüten selbstzufrieden zurückzulehnen, auch wenn das wichtige Details sind, die – in dem Fall über den Umweltschutz – unsere Heimat und hoffentlich auch den Rest der Welt ein bisschen lebenswerter und zukunftsfähiger machen. Weiter so, mehr davon. Der Weg in eine bessere Zukunft führt vom Kleinen ins Große.

Heimat, die ich meine

Nun habe ich mich seitenweise mit meinem Land, mit unserem Land beschäftigt. Das Land, in dem sich viele Leute vor den Bildschirmen inzwischen an meinen fremd klingenden Namen gewöhnt haben, so wie sie es bei vielen meiner geschätzten Kollegen auch getan haben. Allein das macht mir schon Hoffnung, dass wir es schaffen werden, unsere Heimat zu bewahren, indem wir ihre Veränderungen akzeptieren – von »Heimat« zu »Haymat« gewissermaßen.

Der Blick zurück zeigt, dass der Heimatbegriff und das Heimatempfinden immer wieder eine Art Update benötigen. Das gilt für die eigenen Lebensphasen wie für die Generationen, die sich ihre Definition jeweils neu erarbeiten müssen. Denn es gibt sie wohl nicht, die eindeutige Definition, die übergreifend Halt vermittelt, gleichzeitig Perspektive aufzeigt und bei allen ein nachhaltiges Wohlgefühl erzeugt. Nichts kann da verordnet werden, es muss entstehen, wachsen und gedeihen und sich immer wieder an die Entwicklung der Welt und der Gesellschaften und auch der individuellen Biographien anpassen. Anders wäre es ja sehr leicht. Dann bräuchten einfach nur die, die Vergangenheit und Gegenwart gleichsam einfrieren möchten, festzulegen, wie Heimat auszusehen hat und was man dabei empfinden soll, und schwupps, sehen und fühlen es alle so. Meine Erkenntnis ist aber: Gefühle lassen sich nicht einzäunen. Meine jedenfalls nicht.

Wie also könnte die Zukunft unseres Zusammenlebens aussehen?

Szenario 1: Wie gehabt, nur noch extremer

Wir befinden uns in einem ständigen Kampf darum, wer recht hat. Es gibt die, die versuchen, ihre eigene Wahrnehmung der Welt für allgemeingültig zu erklären und sie mit aller Macht allen anderen aufzuerlegen. Wer nicht mitspielt, wird ausgegrenzt, bekämpft, abgeschoben, notfalls mit noch mehr Mauern oder mit Waffengewalt. Wir verteidigen unsere Heimat! Wo Kartoffeln wachsen, wächst kein Kamelfutter! Und es gibt die, die versuchen, Freiraum für jeden einzufordern, die Gleichheit jedes Menschen zu betonen, Gerechtigkeit bei der Ressourcenverteilung zu fordern, und auch versuchen, jedem auf dieser Erde die gleiche Chance zu geben, seinen Platz darauf gut versorgt und mit Wohlgefühl zu finden. Dies propagieren sie jedoch ohne Rücksicht auf die, die sich das erst mal nicht vorstellen können und sich von so viel Vielfalt einfach überrannt fühlen, weil sie den Eindruck haben, ihr eigener Platz darin sei gefährdet.

Beide Gruppierungen denken und sprechen also in Extremforderungen, finden keine Überschneidung und stehen sich sprachlos gegenüber, weil keiner bereit ist, sich auch nur einen Zentimeter auf den anderen zuzubewegen. Abgrenzungen wachsen, Hass und Gewalt ebenfalls. Bis im schlimmsten Fall mal wieder ein schrecklicher Krieg mit all seinem Leid »benötigt« wird, um die Grenzen neu abzustecken und von vorne anzufangen. Die Trumps, Gaulands, Weidels, Le Pens, Wilders, Orbáns, Merkels, Roths, Macrons, Zschäpes und Amris dieser Welt werden dann nicht mehr da sein, jedoch durch Vertreter ersetzt werden, die sich in ihrer Verständnislosigkeit gegenüberstehen. Mag sein, dass sie alle auch auf der Suche nach echter Heimat sind, dies aber in einem endlosen Kreislauf ohne echten Erkenntnisgewinn, der nie ans Ziel führt.

Szenario 2: Heimatlosigkeit

Es geht einfach alles verloren. Man braucht es nicht mehr, dieses Gefühl, einen sicheren Ort für seine Wurzeln zu haben, weil er wegkapitalisiert wird. Egoistisch schaut nur noch jeder auf sein hier und jetzt, auf seinen Wohlstand, seinen Besitz, koste es andere, was es wolle. Heimat wird nur noch in Dollar, Euro, Yen, Lira, Rubel, Quadratmeter, Anzahl der Geschosse oder was auch immer bemessen.

Bei all der Statuswahrerei bleibt kein Platz für heimatliche Gefühlsduselei, die eigenen Wurzeln brauchen lediglich noch einen Nährboden aus Besitz und Geld. Man lebt in seiner eigenen Petrischale des Erfolgs, abgegrenzt und selbstzufrieden, Klappt doch, Hauptsache, ich wachse. Und ob der oder die neben mir auch genügend Raum zum Wachsen hat, ist nicht mein Problem, das ist alles eine Frage der Anstrengung, und für die ist ja schließlich jeder selbst verantwortlich.

Und so stehen sie dann alle da mit dem stolzen Blick auf ihr Erreichtes, ohne einen Blick nach draußen zu werfen, wo alles andere zum Verdorren verdammt ist. So lange, bis die »da draußen« mit aller Gewalt hineinwollen in unsere ganz eigene schöne Welt.

Szenario 3: I-Mat

Vor einigen Jahren machte ich einen Selbstversuch: 24 Stunden mit einer 3D-Brille – virtuelle Realität. Das war faszinierend, aber auch erschreckend. Binnen kurzer Zeit war ich tief drin in dieser Welt, die andere für mich bastelten. Und zwar auch emotional. Während des Versuchs war ich mir zwar meist der Möglichkeit bewusst, dass ich ihn jederzeit abbrechen konnte, aber es gab auch Momente, in denen ich das fast vergaß.

Das wäre also auch ein denkbares Szenario. Warum sich noch anstrengen bei der Suche nach dem eigenen Heimatempfinden, eigenen Bildern im Kopf und den Gefühlen, die es ausmachen? Warum Gefahr laufen, dass mein Heimatempfinden mit dem der anderen kollidiert? Bauen wir uns doch einfach große Räume mit zahllosen Computern und glücksbringenden Brillen.

Geschützt vor den Blicken der anderen und unbeeinflusst von ihnen entstehen individuelle Realitäten, die einem ein gutes Heimatgefühl vermitteln. Ob sich das durch Bilder von Gartenzwergen, Bergen, Seen, Wüstencamps, Großstadtapartments, Segelschiffen, Hafenatmosphären, Fackelmärschen oder was auch immer ausdrückt oder durch Avatare, die einen in seiner Weltsicht bedingungslos bestätigen und für die eigene Definition der wurzelfesten Umgebung bejubeln – egal. Da bekommt der Begriff der Individualität eine ganz neue Bedeutung. Außer der Sicherstellung der Ernährung ist dann eigentlich nichts mehr nötig, während man gefühlt (fast) live und in Farbe mit Gleichgesinnten bei einem geselligen Treffen im wunschgerechten 3D-Restaurantambiente Schweinshaxe, Veganes oder die Suppe »à la Mama« genießt und einfach Heimat pur empfindet. Alles gut also. Für alle.

Bis der Strom ausfällt. Und dann alle, getrieben von zerstörter Illusion bei der krampfhaften Suche nach einer Rückkehrmöglichkeit in ihren Traum, aufeinander losgehen. Eine Vorstellung mit hohem Gruselfaktor.

Szenario 4: Die Evolution des Gönnen-Könnens

Warum ist es für manche Menschen so wichtig, Heimatgefühle vereinheitlichen zu können? Woher rührt der Antrieb, anderen krampfhaft nahebringen zu wollen, dass das eigene Wohlgefühl mit seinen Parametern auch für andere erfolgsversprechend und glücksbringend sein wird? Vielleicht ist es hilfreich, die Richtigkeit des eigenen Empfindens dadurch bestätigt zu bekommen, dass es von anderen geteilt und ebenfalls so empfunden wird. Aber ist diese Bestätigung wirklich notwendig?

Ich komme auf diese Gedanken im Park um die Ecke von meiner Wohnung. Auf einer Bank sitzt eine schicke ältere Dame, liest ein Buch und hat Kopfhörer im Ohr. Mittels Gesten erfrage ich, ob ich mich dazusetzen darf, und sie lädt mich mit sichtbar herzlicher Handbewegung dazu ein. Ich setze mich und schaue ein paar Kindern beim Ballspiel zu. Rund um Picknickdecken und rauchende Grills herum toben sie und haben ihren Spaß. Emma, meine Hündin, legt ihren Kopf auf meinen Schoß, ich kraule ihn gedankenversunken.

Plötzlich nimmt die alte Dame den Stöpsel aus dem Ohr und spricht mich an. »Sie sind gerne hier, oder?«

»Ja«, sage ich und frage überrascht, »woher wissen Sie das?«

»Sie sehen einfach sehr zufrieden aus, kann das sein?«

Ich gerate ins Überlegen. Ja, denke ich, hier ist ein Wohlfühlort für mich. Ein Platz, der meine jetzige Wahlheimat Berlin für mich konkret fassbar macht. Die Szenerie beschreibt meine Gefühle für Berlin umfassend. Und das sage ich ihr dann auch genau so.

»Rilke«, sagt sie und hält das Buch hoch. »Rilke, diese Bank hier und Gershwin erinnern mich einfach so sehr an Zürich«.

Gut, Rilke ist in der Schweiz gestorben, aber was hat nun Gershwin damit zu tun?

»Nichts«, erklärt sie mir. »Jedenfalls nicht unmittelbar. Aber es gibt da diese Bank am Zürichsee, auf der habe ich schon als junges Mädchen so gerne gesessen und Rilke gelesen. Diese tollen Dinger hier«, sie hält lachend ihren MP3-Player hoch, »gab es da zwar noch nicht, dafür aber einen Straßenmusikanten, der immer die ›Rhapsody in Blue‹ spielte. Unvergesslich für mich – und hier kann ich dieses Stück Heimat eben ganz wunderbar für mich aufleben lassen.«

Dies war für mich ein Schlüsselerlebnis. Die alte Dame und ich sitzen in derselben Realität und dennoch lebt jede für sich in ihrer ganz eigenen Interpretation der gegenwärtigen Umgebung – wir haben jeweils unsere ganz eigene Definition des Heimatgefühls. Und dies friedlich nebeneinander, koexistent, ohne Belehrung, ohne Infragestellung der Gefühlslage der jeweils anderen.

In so einem Szenario beherzigen die Menschen, dass die eigene Freiheit dort endet, wo sie anfängt, die eines anderen einzuschränken – auch bei der Frage, wie man Heimat definiert und empfindet. Gönnen können ist also das Gebot der Stunde: Man freut sich am guten Gefühl des anderen zu seinen für ihn wichtigen Wurzeln und auch darüber, dass man selbst ohne jede Anfeindung Heimat so empfinden darf, wie man es möchte.

Und weil das so ist, gibt es auch keine Versuche mehr, anderen seine Definition aufzuzwingen. Niemand muss sich mehr ausgegrenzt fühlen oder gar Anfeindungen ausgesetzt sehen, wenn er den eigenen Wurzeln nachhängt und sich damit wohlfühlt. Weil man es sich gegenseitig gönnt. Wäre das wirklich so schwierig? Kann das ein Fazit sein?

Was ich weiß, ist, dass jeder vor seiner eigenen Tür und in

der eigenen Seele kehren muss. Genauso wenig wie ein Heimatgefühl kann Toleranz für die Belange und Gefühle anderer verordnet werden. Die Evolution echter Toleranz beginnt in unseren Köpfen und Herzen. Wir müssen es nur wollen.

Epilog

Meine Mutter ist vor zwei Jahren gestorben. Mein Vater zwischenzeitlich auch. Ihr Leben endete in Deutschland – dem Land, für das sich die beiden einmal bewusst entschieden haben. Sie haben diese Entscheidung nie bereut.

Das glaube ich zumindest oder will es glauben. Denn wir haben nie offen darüber gesprochen. Der Gegenwind, den wir und Unseresgleichen seit geraumer Zeit erfahren, hat er meinen Eltern auch ab und zu ins Gesicht geweht? Mehr, als sie es sich eingestehen mochten? Kamen ihnen in solchen Momenten doch Zweifel hoch, ob Deutschland ihr Heimatland geworden ist?

Ich bereue, dieses Thema ihnen gegenüber nie angeschnitten zu haben. Und zugleich bin ich froh, dass sie diesen ganzen Mist nicht mehr mitbekommen, der über ihrer Tochter und so vielen anderen in diesem Land zunehmend ausgekübelt wird.

Aber gerade der Gedanke an meine Eltern tröstet mich. Sie haben es geschafft, hierherzufinden und hier anzukommen. Sie haben in Datteln ihre Spuren hinterlassen und mit ihrem Leben auch im Leben anderer Menschen etwas bewegt. Sie haben – in ihrem kleinen Bereich – aktiv dazu beigetragen, dass dieses Land für alle, die hier leben, auch lebenswert ist und dass unsere Gesellschaft eine Gemeinschaft ist. Wie sagte ich zu Beginn? Ich lebe wirklich gerne hier. Trotz all der genannten Einflüsse. Und wenn ich eine Prognose wage, dann jene, dass es die bewegliche, demokratische Mitte sein wird, die die Gesellschaft weiterentwickelt, und nicht diejenigen, die ausgrenzen und etwas anhalten wollen, was unanhaltbar ist.

Und so schaue ich insgesamt doch versöhnlich auf den Weg, den mein »Haymatland« nehmen wird, leiste meinen Teil dazu und freue mich über jeden, der aktiv dabei mithilft, dass alle darin ganz einfach nur gut und ohne Angriffe gegen sich selbst leben können. »Vielleicht gibt es schönere Zeiten, aber diese ist die unsere«, sagte schon Jean-Paul Sartre.[1] Und er hat recht. Es geht jetzt um was. Es geht um uns.

Danksagung

Zunächst gilt mein Dank meiner Familie und meinen engsten Freunden:

Maha, Mona, Jana und Jörg Schanzmann. Papa und Mama Hayali. Inoka Halwatura, Axel Gutschmidt, Pamela Schobess, Carmen Alvarez und Leo Hertel, Mitri und Rike Sirin und Lis Miebach. Und natürlich und auf immer und ewig Emma.

Außerdem möchte ich gerne Dank sagen für Input und Support:

Feo Aladag, Mareike Arning, Marina Bastiani, Billy Bill, Stefan Braun, Nikolaus Brender, Bobbo Brinkhorst-Weiss, Stefanie Dänzler, Stephan Detjen, Giovanni di Lorenzo, Andreas Eck, Thomas Eickholt, Carolin Emcke, Anna Engelke, Markus Feldenkirchen, Heike-Melba Fendel, Matthias Fornoff, Peter Frey, Tim Frieben, Thomas Fuhrmann, Thomas Gill, Ashanti Halwatura, Steve Heidinger, Katrin Hellwig, Oliver und Lotta Herrgesell, Carolin Kebekus, Tim Kesting, Lily Kiera, Christlieb Klages, Claus Kleber, Uli Kleppi, Pascal Lang, Susan Link, Susanne Matthiessen, Miriam Meckel, Frauke Neeb, Ilona Ottenbreit, Kirsten Petersen, Sandra Petersmann, Bobby Rafiq, Nina Rautenberg, Paul Ronzheimer, Lena Ropertz, Ingrid Rose, Betty Rust, Bettina Schausten, Jan Scheper, Esther Schweins, Elena Senft, Brigitte Stern, Christian Sievers, Thomas Steiger, Jörg Thadeusz, Carsten

Thamm, Michael Umlandt, Caro und Lillo Scrimali, Elmar Theveßen, Wolfgang van Kann, Markus Wenniges, Andreas Wunn, bei all meinen Teams und allen bei Barbarella.

Anmerkungen

Kap. 1

1 www.welt.de/print-welt/article175771/System-Trump.
html.

2 www.bfs.admin.ch/bfs/de/home/statistiken/arbeit-er
werb/erhebungen/ggs.assetdetail.2005543.html.

3 woerterbuchnetz.de/cgi-bin/WBNetz/wbgui_py?sigle=
DWB&mode=Vernetzung&lemid=GH05424#XGH05424.

4 Vgl. Christoph Koch: »Was wäre, wenn alle Grenzen offen
wären?«, *brand eins*, www.brandeins.de/magazine/brand-
eins-wirtschaftsmagazin/2018/service/was-waere-wenn-
alle-grenzen-offen-waeren. Claudius Seidl: »Die Fiktion
der Einreise. Wer würde wirklich kommen, wenn alle
Grenzen offen wären?«, *Frankfurter Allgemeine Zeitung*,
8. 7. 18, www.faz.net/-gsf-9c2eq.

5 René Goscinny, Albert Uderzo: *Das Geschenk Cäsars*, Asterix
Werkedition mit Lexikon, Band 21, Stuttgart 1998, S. 24.

6 Hannes Soltau: »Warum haben wir kein Zuhause mehr?«,
Tagesspiegel, 5. 7. 18, www.tagesspiegel.de/kultur/kolumne-
ein-stueck-vom-leben-warum-haben-wir-kein-zuhause-
mehr/22772862.html.

7 Siehe zum Beispiel den Artikel »Kampfansage nach Bun-
destagswahl. AfD-Politiker Gauland über Merkel: ›Wir
werden sie jagen‹«, BR, 24. 7. 17, br.de/s/33C7l9C.

8 www.spiegel.de/panorama/justiz/identitaere-bewegung-wie-die-gruppierung-jugendliche-anspricht-a-1107442.html und die Website der »Identitären«.

9 www.bundespraesident.de/SharedDocs/Reden/DE/Frank-Walter-Steinmeier/Reden/2017/10/171003-TdDE-Rede-Mainz.html.

Kap. 2

1 Siehe zum Beispiel Ronja Ringelstein, Sigrid Kneist: »Flüchtlinge in Berlin. Vor dem Lageso wird weiter in der Kälte gewartet«, *Tagesspiegel*, 6. 1. 16, www.tagesspiegel.de/berlin/fluechtlinge-in-berlin-vor-dem-lageso-wird-weiter-in-der-kaelte-gewartet/12793750.html.

2 Heinrich Heine: »Nachtgedanken«, in: *Neue Gedichte. Sämtliche Werke*, 2, Düsseldorfer Ausgabe, hg. v. Manfred Winfuhr. Hamburg 1983, S. 129.

3 Siehe Philip Kreißel, Julia Ebner, Alexander Urban, Jakob Guhl: *Hass auf Knopfdruck. Rechtsextreme Trollfabriken und das Ökosystem koordinierter Hasskampagnen im Netz*, London/Washington DC/Amman/ Beirut/Toronto 2018, www.isdglobal.org/wp-content/uploads/2018/07/ISD_Ich_Bin_Hier_2.pdf.

4 www.isdglobal.org/new-research-analyses-impact-of-far-right-campaigns-in-germany-following-introduction-of-hate-speech-law/.

5 www.dw.com/de/warum-wir-die-kommentarfunktion-abschalten/a-45017804.

6 »Um wie viele Fälle geht es? Was der Asylkompromiss bedeutet«, *Die Welt*, 2. 7. 18, www.welt.de/politik/deutschland/article178646004/Um-wie-viele-Faelle-geht-es-Was-der-Asylkompromiss-bedeutet.html.

7 Vgl. ebd.

8 Siehe Stefan Braun: »Fehler, Mythen und Lügen in der Flüchtlingskrise«, *Süddeutsche Zeitung*, 28.6.18, sz.de/ 1.4033432.

9 Siehe den Bericht »Rhetorik der Angst« von Tobias Döll und Anna Orth in *Panorama*, ARD, 13.10.16, daserste. ndr.de/panorama/Rhetorik-der-Angst,panorama6614. html.

10 Einen Zusammenschnitt der Interviewpassagen bietet die *Heute Show* vom 11.5.18 online unter https://www. youtube.com/watch?v=DRY3-kvmeg8.

11 Siehe »Bundesverfassungsrichter Andreas Voßkuhle: ›Es geht häufig um gefühltes Recht‹«, Ferdos Forudastan und Wolfgang Janisch im Gespräch mit Andreas Voßkuhle, *Süddeutsche Zeitung*, 25.7.18, www.sueddeutsche. de/politik/bundesverfassungsrichter-andreas-vosskuhle-es-geht-haeufig-um-gefuehltes-recht-1.4067146.

12 Ebd.

13 Ebd.

14 www.spiegel.de/panorama/justiz/koeln-wann-der-staat-kriminelle-auslaender-abschieben-darf-a-1070945. html.

15 Die Statistik ist vom 10.8.18, online sind die je aktuellen Zahlen des UNHCR einsehbar unter data2.unhcr.org/en/ situations/mediterranean.

16 Der Mitschnitt des ARD-*Sommerinterviews* mit Horst Seehofer vom 5.8.18 sowie eine Zusammenfassung desselben finden sich unter www.tagesschau.de/inland/sommerinterview-seehofer-105.html.

17 www.sueddeutsche.de/politik/soeder-asyltourismus-1. 4051132.

18 www.zdf.de/nachrichten/heute/steinmeier-kritisiert-spalterische-sprache-100.html.

1 Siehe Ralph Bollmann: »Faktencheck zur Flüchtlings-debatte«, *Frankfurter Allgemeine Zeitung*, 10. 7. 18, www.faz.net/-iki-9c208?premium.

2 Siehe »»Migranten sind für viele Libyer ein Geschäfts-modell'« Andrea Backhaus im Gespräch mit Leonard Doyle, *Die Zeit*, 19. 4. 17, www.zeit.de/politik/ausland/2017-04/libyen-migranten-folter-sklavenmaerkte-iom.

3 Karin A. Wenger: »Algerien setzt Flüchtlinge in der Wüste aus«, *Neue Zürcher Zeitung*, 26. 6. 18, www.nzz.ch/international/algerien-setzt-fluechtlinge-in-der-wueste-aus-ld.1398085.

4 Siehe »Italien schließt seine Häfen für Schiffe von Hilfs-organisationen«, *Die Zeit*, 29. 6. 18, www.zeit.de/politik/ausland/2018-06/seenotrettung-mittelmeer-fluechtlinge-ngos-italien-matteo-salvini.

5 »Rom sieht in Übernahme von Bootsflüchtlingen ›politi-schen Erfolg'«, *Frankfurter Allgemeine Zeitung*, 16. 7. 18, plus.faz.net/faz-plus/politik/2018-07-17/b12cfdb7c6ed83c5a27a1c00e83bc012/?GEPC=s9.

6 »Italien will keine Migranten von EU-Mission aufneh-men«, *Frankfurter Allgemeine Zeitung*, 20. 7. 18, plus.faz.net/faz-plus/politik/2018-07-21/italien-will-keine-migranten-von-eu-mission-aufnehmen/180081.html.

7 »EU-Mission ›Sophia‹ vorerst eingestellt«, *Frankfurter Allgemeine Zeitung*, 20. 7. 18, plus.faz.net/faz-plus/seite-eins/2018-07-21/a674c95a5bf0a308397a51e9a3634234/?GEPC=s9.

8 »Mehr als 1200 Flüchtlinge vor Spaniens Küste geret-tet«, *Frankfurter Allgemeine Zeitung*, 29. 7. 18, www.faz.net/-gq5-9csjb.

9 Siehe die Pressemitteilung »In Afrika wird es enger« des

Berlin-Instituts für Bevölkerung und Entwicklung, www.
berlin-institut.org/fileadmin/user_upload/Pressemittei
lungen/2018-07-09_PM_Weltbevoelkerungstag.pdf.

10 Siehe die Pressemitteilung »Bevölkerung mit Migrati-
onshintergrund 2017 um 4,4% gegenüber Vorjahr gestiegen« vom Statistischen Bundesamt am 1.8.18, www.
destatis.de/DE/PresseService/Presse/Pressemitteilun-
gen/2018/08/PD18_282_12511.html.

Kap. 4

1 Forudastan und Janisch im Gespräch mit Voßkuhle, *Süddeutsche Zeitung*, 25.7.18, a.a.O.

2 Siehe die Statistik »Arbeitslosenquote in Deutschland im
Jahresdurchschnitt von 1996 bis 2018«, *Statista*, abgerufen
am 7.8.18, de.statista.com/statistik/daten/studie/1224/
umfrage/arbeitslosenquote-in-deutschland-seit-1995/.
Siehe aber auch www.spiegel.de/wirtschaft/soziales/
arbeitslosenstatistik-so-hoch-ist-die-verdeckte-arbeits
losigkeit-a-1133354.html zur verdeckten Arbeitslosigkeit.

3 Siehe »Zeitarbeit und Gastgewerbe bringen Flüchtlinge
in Arbeit. Einige Branchen tragen besonders viel zur
Integration bei – doch 500 000 Arbeitssuchende warten
noch«, *Frankfurter Allgemeine Zeitung*, 23.7.18, plus.faz.net/
faz-plus/wirtschaft/2018-07-24/db247a7f36a35a816b4433
a7713f7127/?GEPC=s9.

4 Die EU-Bürger haben es leichter; vgl. www.welt.de/wirt-
schaft/article123225426/Tausende-Fachkraefte-durch-
Blue-Card-in-Deutschland.html.

5 Siehe Bollmann, »Faktencheck zur Flüchtlingsdebatte«,
a.a.O.

6 »Jedes dritte Unternehmen findet nicht genügend Aus-

zubildende. Kammern klagen über unnötige Studien-
abbrüche«, *Frankfurter Allgemeine Zeitung*, 18.7.18, plus.
faz.net/faz-plus/wirtschaft/2018-07-19/d717afc17c124e44
41c643f552857769/?GEPC=s9.

7 falschzitate.blogspot.com/2017/10/demokratie-ist-die-
schlechteste-aller.html.

8 Siehe »Wir können immer nur einen Zipfel der Wahrheit
greifen«, Ansgar Gilster und Maxie Syren im Gespräch
mit Hans Leyendecker, EKD, 10.12.17, www.ekd.de/inter
view-journalist-hans-leyendecker-pressefreiheit-31299.
htm.

Epilog

1 Jean Paul Sartre: *Situations, II. Septembre 1944–Décembre 1946*,
Neuausgabe Paris 2012.